# 소심한
# 김대리는
# 어떻게
# 부동산으로
# 돈을 벌었을까?

# 소심한 김대리는

**퇴근 후 1시간 부동산 공부로
빠르게 부자 되는 법**

# 어떻게
# 부동산으로
# 돈을 벌었을까?

**카스파파** 지음

다연북

# 다들 희망이 없다고 할 때, 부동산 공부를 시작했던 이유

'서울에서는 도대체 수입이 얼마나 되어야 이런 집에 들어가서 살수 있을까?'

신입사원 시절, 처음으로 네이버 부동산을 통해 서울 집값을 알아보면서 나는 그제야 현실의 장벽을 실감할 수 있었다. 수능만 끝나면 날개를 달고 훨훨 날아갈 것 같았는데, 대학교에 들어가서도 나는 날기는커녕 현실의 장벽 앞에 무너졌다. 선배들은 대학에서 기타를 매고 캠퍼스의 낭만을 즐겼다고들 하는데 우리, 그러니까 1980년대에 태어난 에코세대Echo Generation부터는 캠퍼스의 낭만은 고사하고 스펙을 쌓는 데 전념해야 했다.

에코세대란 1979년부터 1992년 사이에 태어난 사람들을 가리키는 말로, 6·25전쟁 후 대량 출산으로 태어난 베이비붐 세대(1955~1963년 출생자)의 자녀 세대를 일컫는다. 출생률이 현저하게 높았던 베이비붐

세대의 자식 세대인 만큼 이들의 출생률 또한 비교적 높기에, 대량 출산이라는 사회 현상이 수십 년이 지난 후 2세들의 출생 붐으로 다시 나타난 것을 메아리(에코) 현상에 빗대어 표현한 말이다.

대학교 시절, 나는 평일에는 토익 공부, 일본어 공부, 한자 공부, 컴퓨터 자격증 공부, 주말이면 7시간 동안 도서관 생활을 해야 했다. 오직 취업을 위해 앞만 보고 달렸다. 그때만 해도 내가 원하는 곳에 취업하면 모든 것이 달라질 거라 믿었다. 그렇게 힘겨운 과정을 거쳐 남부럽지 않은 직장에 들어갔고, 입사 초기 몇 달간은 내 월급에 만족했다. 서울 집값의 현실을 알기 전까지는 말이다.

도무지 이해할 수 없었다. 수많은 아파트 속 창문 하나하나 안에 사람이 다 살고 있을 텐데, 나는 저 한 칸에도 들어갈 수 없는 존재라는 사실을 인정하기 어려웠다. 취업에 성공해도 계속해서 발버둥 쳐야 하는 현실이 죽도록 밉기도 했다.

"너도 40대가 되어봐라. 어쩔 수 없어. 나라고 뭐 이러고 싶어서 이렇게 죽도록 일하는 줄 아냐. 물려받을 재산도 없으니, 남은 건 그저 몸뚱이뿐이야. 내가 너 나이만 되어도 뭐라도 해볼 텐데, 지금은 그냥 이 회사에 목숨 걸 수밖에 없어. 야근도 죽어라 하고 성과도 내면서 진급이라도 해야 애 학원이라도 하나 더 보내지. 요즘은 30대에도 희망퇴직 당하는 세상이야. 정신 차려라. 너는 안 그럴 거 같냐?"

어느 날 회사에 충성하며 살 수밖에 없는 현실에 대해 토로하는 선배의 모습이 미래의 내 모습과 겹쳐 보였다. 그날 퇴근길에 선배의 말을 곱씹으며 나 역시 이대로 살다가는 그저 회사에 목매여 살 수밖에 없는 '미생'으로 남겠구나 싶었다. 그저 평범하게만 느껴졌던, 결혼을 하고 아이를 낳고 새로운 가정을 꾸려 살아갈 나의 미래가 암울하게 다가왔다. 그렇지만 언제까지 회사 탓, 부모 탓, 사회 탓으로 돌릴 수도 없는 노릇이었다. 그래 봐야 변하는 건 없으니까. 환경이 바뀌기를 기다리기보다 내 자신이 먼저 바뀌는 게 더 빠르지 않을까?

그래서 내가 변할 수 있는 방법이 무엇일까 생각했다. 나는 시간과 공간의 제약이 있는 직장인이었기에 월급 이외에 내가 기대할 수 있는 또 다른 수입을 만드는 방법은 재테크밖에 없다고 판단했다. 따라서 나에게 재테크는 나와 내 가정의 미래를 위한 선택이 아닌 '필수'였다.

그렇다면 왜 하필 부동산을 택했을까? 직장인의 3대 재테크 수단은 '적금, 주식, 부동산'이라고들 한다. 그중 연이율이 2퍼센트 내외인 적금은 재테크라기보다 단순 저축에 불과했다. 또, 부동산 투자를 하는 사람은 이미 어느 정도의 재산을 가지고 있는 4050세대였다. 따라서 아직 모아둔 재산이 없는 현실을 감안하면 주식 투자가 가장 적합해 보였다. 하지만 어린 시절 아버지의 주식 패망으로 인해 생긴 트라우마는 좀처럼 사라지지 않았다. 게다가 소심한 성격도 한몫했다. 직장인이면 누구나 갖고 있다는 주식 계좌 한번 트지 못했고, 재미 삼아 한다는 토토게임 한번 하지 못했다.

결국 내 성격에 좀 더 잘 맞고, 부동산 투자를 하는 데 꼭 억대의 돈이 필요한 건 아니라는 사실을 알고 나서부터는 우선 공부부터 시작하기로 마음먹었다.

## ● 매사 조심하는 성격이
## 부동산 투자에 도움이 되었던 이유

"이제는 실전 경험 좀 쌓아라. 언제까지 책만 들여다볼래?"

부동산 스터디 모임에서 만난 형, 누나들은 언제나 나에게 백 번 듣는 이론보다 한 번의 경험이 더 중요하다고 조언을 주었다. 나는 부동산 공부를 하고 강의를 들으면 좀 더 자신감이 생기고 대범해질 줄 알았다. 그러나 오히려 그 반대였다. 솔직히 말하면 가만히 있는 것도, 그렇다고 뭔가 시도하는 것도 두려웠다.

부동산이라는 세계를 전혀 모르던 시기에는 부동산에 투자하는 사람들은 모두 고급차나 몰고 다니면서 여기저기 집 몇 채를 사두고 희희낙락하며 사는 줄만 알았다. 하지만 현실은 달랐다. 세입자로 들어간 집이 경매로 넘어가 보증금 4,000만 원을 잃었다는 30대 부부, 다음 달 명퇴를 앞두고 있다는 40대 가장, 분양권에 투자했다가 2억 원을 고스란히 날렸다는 50대 아주머니 등 부동산 투자로 시련을 겪는 이들을 옆에서 지켜보아야 했다. 내가 만난, 부동산 공부를 하고 투자를 하는 사람들은 그저 주변에서 흔히 볼 법한 평범한 이웃이었다. 물론 어떤 이들은 성공적인 투자를 하여 부러움을 사기도 했지만 쓰라린 실패를 맛보는 사람도 꽤 많았다.

단순히 돈을 잃는 걸 넘어서서 사람에 대한 배신감에 크게 상처받는 경우도 많았다. S급 강사가 극비로 추천한 지역이라며 뛰어들었다가 시작 전부터 수천만 원을 잃은 사람도 보았고, 큰 수익을 바라고 뛰어든 조합 아파트가 10년간 분양되지 않아 곤혹을 치른 경우도 있었으며, 모든 걸 다 해결해줄 것 같았던 부동산 전문가가 어느새 신문 기사의 한 토막을 차지하는 사기꾼이 되어 나타나기도 했다.

그러다 보니 부동산의 세계에서는 나의 소심한 성격이 빛을 발하기도 했다. 사실 나는 3년 동안 경매 공부를 하면서 단 한 번도 입찰 법정을 가지 못했다. 이런저런 강의에 1,000만 원이라는 거금을 들였음에도 첫 투자를 하기까지 7년이나 걸렸다. 하지만 이렇게 느리게 가는 것 또한 이점이 있었다. 실전 투자 없이 몇 년 동안 책만 보고 강의를 듣는 동안, 주위에서 벌어지는 수많은 사건사고들을 유심히 지켜볼 수 있었기 때문이다. 그래서 아무리 달콤한 유혹이 오더라도 그 부동산의 위험성이 내가 정한 임계점을 넘어가면 거들떠보지도 않았다. 또 돈이 부족했기에 '서울 재건축·재개발 투자를 해야 합니다', '꼬마 빌딩을 잡아야 합니다', '투자는 결국 강남이 답입니다'와 같은 말에 흔들리지 않았다. 그러면서 '투자해야 할 부동산 리스트'와 더불어 '투자하지 말아야 할 부동산 리스트' 또한 차곡차곡 쌓아나갔다.

전문가들의 말처럼 부동산 투자를 하려면 꼭 수억 원의 돈이 필요할까? 아마 그랬다면 지금 내가 이렇게 책을 쓰고 있지는 못했을 것이다. 나는 소심쟁이 직장인으로서, 전업으로 투자를 하는 사람 그리고 대범한 사람들과는 투자 방법을 달리해야 했다. 그래서 책을 통해 나와 비슷한 처지에 놓인 사람들을 위한 이야기를 하고 싶었다. 사회초년생으로서 돈은 어떻게 모았는지, 부동산 공부를 할 때는 어떤 강의를 들었는지, 주변 사람들이 어떤 유혹에 넘어가 손해를 보고 사기를 당했는지, 어떤 지역이 투자 위험 지역인지, 투자 과정에서 어떤 실수를 했고 어떤 해프닝이 일어났는지 등 다시 말해 이 책에는 투자의 기술보다는 리스크를 피하는 기술에 더 가까운 내용을 담고자 했다. 조금은 천천히 가더라도, 큰 한 방을 얻지는 못하더라도 최소한 잃지는 않는 투자, 안정적으로 나아갈 수 있는 투자에 대해 말하고 싶었다. 그리고 나는 약 2년간 노트북 안에 있는 정보와 지식을 통합하여 이 책을 완성했다.

### ● 부동산 투자는 미쳤다고 하는 지금이야말로 부동산 공부를 위한 최적의 시기다

이 책을 쓰기 직전에 창원에 사는 친구로부터 연락이 왔다.

"나 정말 죽고 싶다. 우리 집 경매로 넘어갈 것 같아."

그는 5년 전 결혼해서 귀여운 딸과 함께 누구보다 행복하게 지내다가 3년 전쯤 조금 무리하게 대출을 받아 내 집 마련을 했다. 오르는 집값을 보며 '일단 사고 보자'는 일념으로 집을 최고가에 매수한 것이다. 엘리베이터도 없는 4층 빌라였지만, 집은 꽤 넓고 쾌적했다. 함께 구경 간 아이는 난생 처음 갖게 된 자기만의 방을 보며 뛸 듯이 기뻐했고, 이 모습을 지켜본 친구 부부는 흡족해하며 계약을 서둘렀다.

그러나 행복한 가정에 대한 기대감은 1년도 채 가지 못했다. 대출 원리금을 갚아나간 지 1년이 다 되어갈 무렵, 갑작스럽게 아이의 병원

비가 필요했고 이를 위해 신용대출을 받아야 했다. 그때부터 빚이 쌓여 결국 주택담보대출 원리금마저 제때 갚지 못했는데, 엎친 데 덮친 격으로 집값마저 계단식으로 떨어지기 시작했다. 친구는 야간에 대리운전을 했고, 아내는 파트타임 일자리를 늘렸다. 그러나 눈덩이처럼 불어가는 빚을 감당해내기엔 역부족이었다. 이전까지 너무나도 착실히, 평온하게 살아왔던 친구의 삶은 송두리째 흔들렸다.

사실 그가 부동산에 대해 조금만 공부를 했었더라면 당시 그 지역의 부동산 시장이 심상치 않았다는 사실을 알아챘을 것이다. 당시 그곳은 몇 년간 신축 아파트 입주가 줄지어 대기하고 있었다. 만약 친구가 이 사실에 대해 알고 있었더라면 무리한 대출을 감당하면서까지 집 장만을 하지는 않았으리라.

나는 친구의 이야기를 듣고 이 책을 꼭 완성해야겠다고 결심했다. 그리고 오히려 부동산이 활황일 때보다 누구나 힘들다고 외치는 지금이 출간 시기로 적당하다고 판단했다. 2018년 현재만 본다면 부동산 투자는 이제 끝났다고 느낄지도 모른다. 그런데 내가 첫 투자를 생각하고 아파트 임장(부동산을 직접 확인하기 위해 현장에 가서 확인하는 행위)을 다니던 2013년 무렵은 사람들이 지금보다 더 부동산에 무관심하던 시절이었다. 언론에서도 '하우스푸어 시대 돌입', '부동산으로 돈 버는 시대는 끝났다'고 떠들어댔다.

하지만 그로부터 2년 뒤 수도권 부동산 시장은 활활 타오르기 시작했다. 집값이 성큼성큼 오르자, 사람들은 언제 그랬냐는 듯 너 나 할 것 없이 부동산 시장에 뛰어들었다. 그러나 준비 없이 뒤늦게 뛰어든 사람들은 무턱대고 여기저기 돈을 쏟아붓기 시작했다. 높은 수익을 준다는 지역주택조합이라는 유혹에, 대단지 6,000세대가 들어선다는 말에, 호재가 있을 거라는 장밋빛 소문에 큰 기대감을 갖고 투자했던 이들 대부분은 수익은커녕 수천만 원의 손해를 고스란히 돌려받았다.

그러니 부동산 투자를 하면 망한다고 하는 바로 지금부터 차근차근 준비를 하는 게 낫다. 2018년 하반기에 접어들고 있는 지금은 그 어느 때보다 부동산 공부를 하기에 최적의 시기다. 정부 규제와 함께 2018년 하반기와 2019년 상반기까지 공급 물량은 아마 넘쳐날 것이다. 매매 가격은 둘째치더라도, 전세 가격은 자연스럽게 떨어지면서 부동산 시장은 휘청거릴 가능성이 높다. 하지만 문제는 그 후다. 끝없이 이어지는 공급랠리가 정리되는 시점이 오면, 또다시 부동산 회오리가 몰아닥칠지도 모른다. 따라서 그때를 대비하기 위해, 내 재산을 지키기 위해 우리는 부동산에 대한 기초 공부를 시작해야 한다. 그리고 모두가 부동산 투자는 미쳤다고 하는 바로 지금이야말로 미래를 대비하기 위한 공부를 하기에 가장 좋은 때다.

# 목차

## 1부 82년생 평범한 월급쟁이가 돈을 배우는 과정

### 1장 현실 직시

#### '열심히'가 답이 아니라는 것을 알게 되는 시기

### 2장 지식 인풋

#### 실전 투자 전에 반드시 넘어야 하는 허들

# 2부 소심한 김 대리가 실전에서 부동산을 대하는 자세

## 3장 이론과 실전 사이

### 실전에서 겪게 되는 통과 의례

## 4장 실행하기

### 백 개의 지식보다 강력한 한 번의 경험

## 5장 유혹 피하기

### 돈 앞에서는 의심하고 또 의심하는 게 맞다

## 3부 실전에서 쌓은 지식을 내 것으로 만들기

## 6장 다지기

### 실전에서 깨달은 잃지 않는 부동산 투자 원칙

## 7장 예측하기

### 스스로 분석해야 투자 인사이트가 생긴다

82년생 평범한
월급쟁이가
돈을 배우는 과정

1장

# 현실 직시

'열심히'가 답이 아니라는 것을
알게 되는 시기

# 아버지의 흥망성쇠를 보며
# 돈의 힘을 깨닫다

내가 갓난아기였을 때 성실하고 알뜰했던 부모님은 2층 양옥집을 장만하셨다. 지금과 마찬가지로 1980년대에도 젊은 부부가 자기 집을 갖는 건 쉬운 일이 아니었다. 그 양옥집에 세 들어 사는 가구만 총 네 집이었는데, 세입자들 모두 부모님보다 나이가 많았다. 집을 보러 온 어떤 분은 어머니를 보고 주인집 딸로 착각하기도 했을 만큼 1980년대는 나이와 부의 수준이 정비례하는 시절이었다.

당시 아버지는 동사무소의 공무원, 어머니는 평범한 가정주부였다. 아버지는 '프린스'라는 차를 몰고 다니셨는데, 그때는 고급 차에 속하는 차종이었다. 아버지가 매일 그 차로 학교 앞까지 태워다 주셨기 때문에 친구들은 나를 부잣집 아들이라고 여겼다. 그 당시 나는 용돈도 듬뿍 받았는데 어린 나이라 쓸 일이 없어 책장 여기저기에 몇만 원씩 꽂아두곤 했다. 어느 날 그 돈을 찾아서 모아보니 200만 원쯤 되었다.

그 시절의 나에겐 매우 큰돈이었다.

어머니는 항상 이렇게 말씀하시곤 했다.

"몇 년 뒤엔 이 집을 4층까지 올릴 계획이야. 그리고 너 대학 가면 엄마가 차도 사줄게. 그러니 너는 돈 걱정 말고 공부만 열심히 해."

이런 환경에서 자랐으니 당시에는 돈이 없는 친구들을 이해하지 못했다. 유치원과 초등학교를 같이 다니며 가까워진 친구가 있었는데, 그 친구는 돈이 들어가는 가는 일이라면 질색을 했다. 수영장, 놀이공원, 만화방에 가자고 할 때마다 친구는 고개를 저었다. 그래서 몇 번은 내가 친구의 몫을 대신 내주기도 했지만 그런 일이 반복되다 보니 화가 났다.

"야, 너 계속 못 간다고 할 거면 앞으로 우리 보지 말자."

철없던 시절, 툭 던진 나의 가시 같은 한마디에 친구는 훌쩍거리며 돌아섰다. 그리고 나는 한참이 지나서야 당시 그 친구가 철길 옆에 있는 컨테이너 박스에서 살고 있었다는 사실을 알게 되었다.

## 🏠 IMF 외환 위기, 우리 집도 예외는 아니었다

1997년 11월, 대한민국은 재앙을 맞이했다. 뉴스에서는 하루 종일 우리나라가 얼마나 심각한 경제 위기에 빠졌는지, 국민들이 앞으로 얼마나 많은 인고의 시간을 보내야 하는지에 대해 떠들어댔다. 그리고 어느 날 결국 한국이 국제통화기금IMF으로부터 구제금융을 받기로 방침을 정했으며 경제가 초긴축으로 운영됨으로써 기업의 구조조정이 불가피하다고 밝혔다.

그때 난 막 고등학교에 입학을 했고 경제의 '경' 자도 몰랐던 데다 아버지가 공무원이셨기에 우리 집에 대해서는 크게 걱정하지 않았다. 하지만 그날 아버지와 어머니의 표정은 매우 어두웠고 그날부터 일주일에 한 번씩 받았던 내 용돈이 끊겼다. 어머니도 더 이상 백화점에 가지 않았고 집을 4층으로 올릴 거라는 말씀도 하지 않았다. 반면 아버지의 술은 점점 늘었다.

어느 날, 몸도 가누지 못할 만큼 약주를 드시고 온 아버지가 이렇게 말씀하셨다.

"아들아, 애비가 미안타. 내 하던 게 뭐 잘못되가꼬 돈이 마이 날아 갔다. 니가 상상할 수도 없을 기다. 앞으로 애비 믿지 말고, 니 힘으로 대학 가고 니 힘으로 결혼해삐야 한다. 진짜 미안타."

그날, 아버지의 눈물을 보았다.


그즈음 친했던 한 친구가 시골 할머니댁에 가서 살아야 한다며 전학을 갔다. 알고 보니, IMF 외환 위기의 여파로 아버지가 하던 사업이 부도가 나면서 집이 경매로 넘어가 가족들이 뿔뿔이 흩어진 것이었다.

친구의 일이 남 일 같지 않았다. 그도 그럴 것이 가끔 집으로 '법원' 이라 적힌 서류가 배달되어 왔는데, 받는 사람을 쓰는 란에 아버지의 존함이 적혀 있었다. 무슨 내용일까 궁금해서 뜯어보고 싶었지만 겁이 났다. 친구도 집이 경매로 넘어가기 전에 법원에서 어떤 서류를 받았다고 했기 때문이다.

'만약 우리 집도 경매로 넘어가면 어떻게 되는 거지?'

그 집은 내 유년 시절의 전부였다. 가족 중 누군가의 생일날이면, 누나는 피아노를 연주했고, 나머지 사람들은 식탁에 둘러앉아 손뼉을 치며 노래를 불렀다. 여름밤에는 옥상에 돗자리를 펼치고 누워 별을 보며 잠을 청했고, 겨울에는 온 가족이 거실에서 고구마 파티를 벌이곤 했다. 어머니는 너른 마당에 상추와 고추를 심었는데, 그때마다 강아지가 어머니를 졸졸 따라다니며 재롱을 부렸다.

지은 지 20년이 넘은 오래된 주택이었지만, 가족 모두의 추억이자 따뜻한 보금자리가 만약 남의 손에 넘어간다면…? 나는 고개를 절레절레 저었다. 상상조차 하고 싶지 않았다. 그 집이 나에게는 어린 시절의 전부였다면, 아버지에게는 당신의 일부와도 같았으리라. 결혼 후 처음으로 장만하신 '내 집'인 데다 거기서 갓난쟁이를 셋이나 키우셨으니 말이다.

그 무렵, 집을 잃을지도 모른다는 나의 불안과 함께 아버지의 잔소리도 점점 늘어나기 시작했다.

"욕실 불 바로바로 안 끄나!"

"변기는 두 번 쓰고 내리라고 몇 번을 말하노!"

"뭐가 춥다고 보일러를 틀어쌌노! 밖은 영하라도 안에는 영상 아이가!"

이렇게까지 절약에 집착하다 보니 결국 아버지는 여름엔 땀띠가 나고, 겨울엔 감기에 걸리셨다. 그런데 병원에도 잘 안 가시니 가족들의 속은 점점 타들어갔다.

"아버지, 그렇게 전기료 아껴봤자 한 달에 몇천 원도 안돼요. 기름 값 아끼다가 감기 걸리고 선풍기도 안 틀어서 땀띠 나면 병원비가 더 많이 들어요."

참다 참다 이런 말씀을 드린 날에는 아버지의 날벼락이 떨어졌다.

"이 자식이 말하는 버르장머리 봐라! 돈이 그렇게 우습나? 니가 나가서 땅을 파봐라, 이 자슥아! 십 원이라도 벌 수 있나!"

그때는 아버지의 마음을 누그러뜨릴 수만 있다면 정말 하루 종일 땅이라도 파고 싶었다. 어떻게든 여유롭고 느긋했던 예전의 아버지로 되돌리고 싶었다.

# 집을 구하면서
# 세상 물정을 알게 되다

"야, 너 어제 술자리 또 안 왔더라? 너 토익 몇 점인데? 그런다고 니가 좋은 데 취직할 거 같아?"

졸업을 1년 앞둔 당시, 대학교에서 나는 소위 '아웃사이더'였다. 그때부터는 과모임은 물론 단합회, 엠티도 가지 않았으니 나름 친했던 동기들과 선배들조차도 곱지 않은 시선을 보냈다. 그렇지만 취업을 위해 할 수 있는 최선을 다하고 싶었다. 그래서 매일 수업 시간 외에는 도서관을 찾았다. 엎드려 잠을 자는 한이 있더라도 도서관에 있어야 마음이 편했다.

1년간의 노력이 통했던 걸까. 다행히 좋은 직장에 취업하여 부모님께 기쁜 소식을 전해드릴 수 있었다.

'이제 부모님께 용돈도 넉넉히 드리고, 한강이 보이는 아파트에도 살아보고, 외제차도 폼 나게 몰아보자!'

## 🏠 무보증 50만 원 월세의 현실

취업 후 혜화역에서 도보로 5분 정도 걸리는 곳에 위치한 고시원에서 자취를 시작했다. 보증금 없는 월세 50만 원짜리 방이었다. 좁고 불편하긴 했지만 누구나 처음부터 다 가질 수는 없는 법이라 여겼다.

'지금부터 열심히 일하면 금방 원룸에서 투룸으로, 투룸에서 빌라를 거쳐 한강이 보이는 아파트까지 갈 수 있을 거야!'

서울에 올라온 지 어느덧 한 달이 되었다. 토요일 오후 두 시, 황금 같은 주말에 날 불러주는 사람은 없었지만 공간이 워낙 좁다 보니 더워서 낮잠도 자기 어려웠다. 손바닥만 한 창문을 열면 바람 대신 매캐한 냄새가 코를 찔렀다.

그때 휴대전화의 진동 소리가 들렸다. 어머니의 전화였다. 한창 통화를 하고 있는데 누가 문을 쾅쾅 두드렸다. 문을 열어보니 맞은편 방에 사는 사람이었다.

"아저씨, 전화를 여기서 받으면 어떡해요! 그리고 들락날락할 때 제발 문소리 좀 안 나게 조심하세요. 시끄러워서 미쳐버리겠거든요. 여기가 무슨 아저씨 개인 집인 줄 알아요? 여긴 고시원이에요!"

그러더니 문을 쾅 닫고 나가는 게 아닌가. 휴대전화 너머로 어머니의 걱정스러운 목소리가 들려왔다.

"왜 싸우고들 그라노? 괜찮나?"

괜히 억울한 마음도 들고 화도 났다. 최대한 조용히 한다고 문도 조심히 여닫고 전화도 쥐 죽은 듯이 받았건만 이런 말을 듣다니, 역시 이곳은 나와 어울리지 않는다고 생각했다.

얼마 후, 회사에서 교육을 받고 있을 때였다. 고시원 원장이 전화를 하더니 다짜고짜 소리를 지르는 게 아닌가.

"수도꼭지에서 물 뚝뚝 흐르는 거 아셨어요, 모르셨어요? 오늘 새로 올 손님한테 이 방 보여줬다가 나만 난처하게 됐잖아요! 수도세 더 낼 것도 아니면서 이런 일 있으면 새벽에라도 말해줬어야죠!"

사실 전날 잠들 때부터 욕실 수도꼭지에서 똑똑 물 떨어지는 소리가 들리긴 했다. 아침에 출근 준비를 하다가 살짝 새는 걸 확인해서 퇴근하면 저녁에 말하려 했는데, 앞뒤 사정은 묻지도 않고 화부터 내니 당황스러웠다.

퇴근길, 고시원으로 가는 발걸음은 너무나 무거웠다. 원장이 방 앞에서 대기하고 있다가 언성을 높이며 달려들 모습을 상상하니 가슴이 철렁했다. 아니나 다를까, 방 입구에 팔짱 낀 고시원 원장과 총무가 서 있었다. 원장이 나를 쩨려보며 소리쳤다.

"물 새는 거 언제부터 그랬는지 말해봐요!"

"어제 밤늦게 확인했어요. 너무 늦은 시간이라 오늘 퇴근하고 말하려 했습니다. 하루 정도 늦은 건데 그렇게까지 잘못한 겁니까?"

"어허, 이 사람이 뭘 잘했다고. 잘못했으면 잘못했다 사과부터 해야지! 한 번만 더 이런 일 있으면 바로 방 빼버릴 줄 알아요!"

원장은 버럭 소리를 지르고는 문을 쾅 닫고 나가버렸다. 서러움이 밀려옴과 동시에 문득 회식 자리에서 선배가 했던 말이 떠올랐다.

"너만 보면 왜 이렇게 짠하냐. 착한 건지 바보 같은 건지. 너 고시원에 들어가는 돈 아깝지도 않냐? 집에 부탁해서 전세금 좀 마련해달라 그래. 한 달에 50만 원이라며. 니 말처럼 2년 산다고 하면 그게 다 얼마냐? 1,200만 원 아니냐. 그 돈 모으려면 매달 월급 100만 원씩 저축해도 1년이 걸려. 그건 돈을 모으는 게 아니라 버리는 거지. 그래 가지고 어느 세월에 돈 모아서 결혼도 하고 전세도 얻고 집도 살래? 평생 세입자로 살고 싶어?"

그때는 그냥 술주정이겠거니 하고 흘려들었는데, 생각해보니 틀린 말은 아니었다. 고시원에서 딱 2년만 버티면서 돈을 모으면 빌라에 전세로는 들어갈 수 있을 거라 믿었다. 하지만 실상은 2년 동안 돈을 모으기는커녕 1,200만 원을 그냥 버리는 셈이었다. 선배의 말처럼 이러다 평생 세입자로 사는 건 아닌지 덜컥 겁이 났다. 물론 고시원을 벗어나 봤자 아직 모은 돈이 없으니 또다시 세입자가 될 것이다. 그러나 이곳보다 생활도 나아지고 돈도 더 절약할 수 있다고 생각하니 하루빨리 여기서 나가고 싶었다.

## ⌂ 집 밖으로 나왔다고 해서
## 다 독립은 아니다

다음 날 무작정 회사 인근에 있는 부동산 중개업소를 찾아갔다.

"전셋집 찾고 있어요. 보증금 2,000만 원 안으로 보여주세요. 단칸방도 상관없고요."

소장님은 나를 빤히 쳐다보더니 갑자기 웃음을 터뜨렸다.

"2,000만 원짜리 전세가 어디 있어요? 옥탑방도 그런 건 없어요."

내가 세상 물정을 이리도 몰랐던가. 결국 돈을 빌려야 했다. 은행에서 대출을 하려면 재직증명서가 필요하다고 하기에 서류를 준비해서 은행을 찾아갔다. 서류를 내밀며 자신 없는 목소리로 용건을 말했다.

"저… 신용 대출인지 마이너스 통장 대출인지, 그런 거 받을 수 있다고 해서 왔습니다."

내가 내민 재직증명서를 살피던 은행 직원은 이렇게 말했다.

"아직은 대출이 조금밖에 안 되겠는데요. 입사한 지 1년도 안 되셨네요. 원천징수 영수증도 없으시고요."

'원천징수 영수증? 그게 뭐지?'

다른 은행에도 가보았지만 돌아오는 대답은 똑같았다.

"오신 김에 적금 통장이나 만들고 가세요. 그래야 돈이 모이죠."

그렇게 대출을 받으러 갔다가 결국 적금 통장만 만들고 나왔다. 직장인만 되면 뭐든 일사천리일 줄 알았는데 돈을 벌어도 은행 대출을 받는 게 만만하지 않다는 사실에 풀이 죽었다.

그날 집으로 돌아가는 길에 전봇대에 붙어 있는 전단지가 눈에 띄었다. 평상시에는 거들떠보지도 않던 글귀가 그날따라 크게 보였다.

'직장인 대출 무담보 환영.'

이제 이런 것까지 눈에 들어오다니, 내가 그동안 세상을 몰라도 너무 몰랐구나 싶어 자괴감이 들었다.

"그래, 아버지가 한번 구해볼게. 다달이 상환만 잘해라."

"네, 걱정 마세요, 월급은 따박따박 들어오니까 자동이체 걸어둘게요. 감사하고 죄송합니다."

결국 아버지의 퇴직금을 담보로 하여 5,000만 원 대출을 얻었다. 아버지도 힘든 걸 뻔히 아는데 이렇게밖에 할 수 없다는 사실에 내 자신이 너무 미웠다. 왠지 모를 억울함까지 밀려와 두 눈에 눈물이 핑 돌았다.

좋은 직장에 취업을 했는데도 여전히 내가 원하는 삶은커녕 그 삶의 시작점마저도 너무나 멀게만 느껴졌다. 어렸을 적부터 쉽게 보고 들었던 평범한 삶이 결코 평범한 게 아니었다는 사실이 가슴 깊이 와 닿기 시작했다. 어느덧 몸이 자라 성인이 되고 부모님 곁을 떠나 독립이란 걸 했지만, 여전히 나의 경제는 부모님 품에서 벗어나지 못했다. 그동안 뒤처지지 않기 위해, 남들 만큼 살기 위해 발버둥 쳐왔건만 나는 '평범'해지기 위해 또다시 '비범'한 노력을 해야만 했다.

# 사회초년생 시절,
# 한 번쯤 만나게 되는 재테크 선배

"형, 오랜만이네요. 서울에는 어쩐 일이세요?"

"너 보러 왔지. 음… 사실은 서울에서 사업 좀 해보려고."

신림동에 6,000만 원 전셋집을 구하고 얼마 지나지 않아 고향에서 알던 형으로부터 연락이 왔다. 형은 부산의 한 병원 원무과에서 근무했는데 직장에 대한 자부심이 대단했다. 병원의 자금 사정이 좋지 않아 월급이 제때 들어오지 않을 때마저도 개의치 않았다.

"회사가 사정이 좋을 때도 있고 나쁠 때도 있는 거지. 난 우리 병원에 뼈를 묻을란다."

자신보다 회사가 늘 먼저였던 형이 사업을 한다기에 무슨 일인지 물어보았다.

"형, 다니던 병원은 그만두신 거예요?"

"말도 마라. 거기 원장, 도망갔잖아. 내가 그 병원에 충성한 것만 생각하면 기가 막혀서 말도 안 나온다. 한 달만, 한 달만 하면서 밀린 월급만 6개월치야. 결국 와이프도 급하게 회사 경리직 구해서 일하고 있는데, 딸 얼굴 볼 때마다 미안하고 불쌍해 죽겠다."

형의 입술이 파르르 떨려왔다.

"이왕 이렇게 된 김에 그냥 내 사업해보려고. 그래서 생각한 게 휴대폰 판매하는 건데, 이게 투자금 대비 수익이 장난 아니야. 요즘엔 할아버지, 할머니들도 휴대폰은 다 쓰시잖아. 젊은 사람들은 1년이면 새 거로 바꾸고. 한 대 팔면 순수익이 15만 원이야. 그럼 하루 10대만 팔아도 돈이 얼마냐. 내가 편의점, 커피숍 이런 것도 다 생각해봤는데 이게 답인 거 같아."

조금 전까지만 해도 우울해하던 형의 모습은 온데간데없이 사라지고, 확신으로 가득 찬 두 눈동자가 반짝이기 시작했다.

"형이면 뭘 해도 잘하실 거예요. 잘되면 나중에 저도 분점 하나 내주세요."

말은 그렇게 했지만 사실 속으로는 걱정이 되었다. 일을 그만두고 사업에 대해 알아볼 시간도 없었을 텐데 뭔가에 쫓기듯 급하게 결정을 내린 것만 같았기 때문이다.

"그런데, 창업 자금은 어떻게 마련하시려고요?"

"자금이야 빌리면 되지. 임대료랑 인테리어비도 대충 계산해보니까 7,000만 원이면 될 거 같더라고."

그 뒤로 형은 부산에서 휴대전화 매장을 오픈했다. 고향 집에서 멀지 않은 곳이라 가끔 부산에 가면 들리곤 했는데, 걱정과는 달리 갈 때마다 형은 바빠 보였고 사업은 순풍을 타는 듯했다. 한낱 월급쟁이에 불과한 나에 비해 자기만의 사업을 착착 이끌어가는 형이 대단해 보였다. 얼마 후 형의 SNS를 보니 매장 하나를 더 오픈했다는 소식이 올라와 있었다.

어느 날 여느 때처럼 고향에 내려가 버스를 타고 형의 매장 근처를 지나갔다. 혹시라도 형이 보일까 싶어 창밖을 뚫어지게 쳐다보았는데, 내 두 눈을 의심해야 했다. 가게가 사라진 것이었다!

놀란 마음에 찾아가보니 텅 빈 공간에 '임대'라고 쓰인 종이만 덩그러니 붙어 있었다. 궁금한 마음에 바로 휴대전화를 들었지만, 사업이 잘된다며 기뻐하던 형의 얼굴이 떠오르자 차마 통화를 할 용기가 나지 않았다.

그러다 며칠 뒤 우연히 한 인터넷 기사를 보고 형의 상황을 짐작할 수 있었다.

"핸드폰 구멍가게, 대기업에 밀려 문닫는다!"

바로 옆에 있는 기사의 헤드라인도 눈에 들어왔다.

"꿈의 직장? 자영업자는 감옥에서 산다"

기사에서 자영업자의 25퍼센트는 매달 100만 원도 안 되는 수입을 번다고 했다. 퇴직 후에 흔히 하는 편의점 사업도 평균 매출액이 450만 원인데, 여기서 이것저것 제하고 나면 업주 손에 떨어지는 건 고작 200만 원 정도란다. 그런데 그것도 그나마 평균 이상으로 장사가 되어야 가능한 일이라 했다. 기사를 읽고 나니 이런 생각이 들었다.

'직장 안은 감옥이지만 직장 밖은 지옥이다.'

# ⌂ 형 얼굴 봐서 하나 가입해줘라

"짜식, 너 요즘 연락도 없고 어떻게 형한테 이럴 수 있냐?"

언젠가부터 대학교 졸업 후 연락 한 번 없던 선배가 쉴 새 없이 전화를 해왔다.

"너 재테크 하는 거 관심 있어? 관심 없음 말고. 그래도 궁금하면 형한테 말해. 형이 졸업하고 금융업계에 취직해서 너 하나는 재테크 확실히 도와줄 수 있으니깐."

그렇게 몇 달간 연락을 주고받던 선배는 어느 날 우리 회사 근처에 왔다며 퇴근 후 만나자고 했다. 차 안에서 커피 한잔하며 이런저런 이야기를 하는데 갑자기 재테크 공부를 하자면서 다짜고짜 각종 지식과 정보를 나열하는 게 아닌가. 선배는 대학교 때 금융과 관련된 전공을 이수한 건 아니었지만 전국에서 실적 1위도 하고, 계속 관련 자격증 공부도 하고 있다면서 나를 안심시켰다.

하지만 무엇보다 큰 문제는 선배가 하는 말을 하나도 알아듣지 못했다는 것이다.

"선배, 솔직히 무슨 말인지 하나도 못 알아듣겠어요."

그러자 선배는 살짝 당황한 표정을 짓더니 씩 웃으며 말했다.

"야, 일부러 너한테 이런 것도 가르쳐주려고 시간 내서 온 건데 못 알아듣겠다고 하면 어쩌냐. 짜식… 그럼 그냥 형 얼굴 한번 봐서라도 이거 하나만 가입해라. 적금처럼 매달 돈 넣는 건데, 중도 해지도 가능하고 넣은 돈 담보로 대출도 가능. 그냥 땡 잡았다 생각해. 쉽게 말해서 매달 50만 원만 넣으면 10년 뒤에 1억 원이 생기는 상품이야."

거절하는 순간 집에 들어가기는 틀린 것 같았고, 나쁜 후배로 찍히는 건 더더욱 싫었다. 무엇보다 너무 피곤하기도 했다. 내 마음은 곧바로 정당화에 들어갔다.

'그래, 선배가 이렇게까지 말하는데 설마 이상한 거겠어. 중도 해지도 가능하다는데. 까짓 거 하나 이번 기회에 가입하지, 뭐.'

## 🏠 세상에 공짜는 없다

며칠 뒤 내 전화번호는 어떻게 알고 전화를 한 건지 '재무설계사'라는 분한테서 연락이 왔다.

"취직하신 거 축하드려요. 이제부터 돈 관리 제대로 하셔야 할 텐데, 처음이라 많이 어려우실 거예요. 언제 시간 괜찮으세요? 제가 집 근처로 가서 자세히 알려드릴게요."

무료 상담인 것도 모자라서 내가 있는 곳까지 찾아와준다니, 이렇게 고마운 분이 있나 싶었다.

진짜로 집 근처까지 찾아온 그분은 간단한 인사말을 끝으로 나의 월급과 저축 금액, 보험 가입 현황, 적금 현황 등을 세세히 물어보았다. 이어서 재무 상담이 시작되었다. 얼마 전에 만난 학교 선배와는 차원이 다른 지식 수준에 감탄이 나왔다. 나는 이분에게 며칠 전 선배의 권유로 가입했던 변액연금에 대해 물어보기로 했다.

"10년짜리 변액연금이요? 음, 그거 중도 해지하기도 힘들고요. 솔직히 이런 말씀드리기 좀 그렇지만 선배라는 분이… 아, 아닙니다. 지금부터라도 제대로 관리하시면 되죠. 이제 사회초년생인데요. 지금 이렇게 저를 만났으니 다행인 거죠, 하하."

이렇게 말을 돌리더니 바로 현란한 파워포인트를 보여주며 하던 이야기를 이어갔다.

"아까 하던 얘기를 이어서 하면, 적금도 좋지만 그건 이자가 너무 적어요. 젊을 때는 약간의 리스크를 감안하더라도 수익이 날 수 있는 상품이 좋아요. 적금 대신 펀드랑 질병 대비 보험에 가입하시는 게 낫고요. 노후 대비도 지금부터 하셔야 해요. 가장 중요한 건 이 모든 걸 하루라도 빨리 시작할수록 유리하다는 겁니다. 왜 그런지 자료를 한번 볼까요?"

그의 수려한 말솜씨에 푹 빠져서 이야기를 듣는 동안 어느덧 세 시간이 지나 있었다. 이토록 열성적으로, 그것도 무료로 교육을 해주는 게 의아스럽기도 했지만 이렇게까지 해줬으니 뭐라도 가입을 해야 덜 미안할 것 같았다. 또다시 정당화는 시작되었다.

'사회생활 하면 어차피 보험 가입을 하긴 해야 하니까. 이참에 펀드도 적금 삼아서 하나 가입하지, 뭐.'

나도 모르게 한마디가 툭 튀어나왔다.

"추천 상품 좀 부탁합니다."

그는 기다렸다는 듯이 입을 열었다.

"생각 잘하셨어요. 역시 현명하시네요."

그때부터 여러 가지 금융 상품에 관한 설명이 줄줄이 이어졌다. 말만 듣고 있어도 이미 재테크의 반은 성공한 듯했다.

"저는 다른 재무설계사들과는 달리 한번 회원이 되신 분은 평생 관리해드려요. 지금도 100분 정도 매달 메일 주고받으면서 상담해드리고 있죠. 다음 달부터 고객님도 VIP 회원으로 등록해드릴게요."

나는 그 자리에서 추천받은 펀드와 보험에 가입을 한 걸로도 모자라 그의 조언에 따라 매달 10만 원을 불입하는 적립식 펀드 5개에 추가로 가입했다.

그렇다면 몇 년이 지난 후, 정말 나는 학교 선배나 재무설계사의 말처럼 목돈을 모을 수 있었을까?

사실을 밝히자면 목돈은 고사하고 먼저 그들과의 관계부터 끝이 났다. 여자 친구처럼 쉴 새 없이 안부를 묻던 그 선배와는 내가 보험에 가입하고 얼마 뒤부터 연락이 뜸해지더니, 1년 뒤 다른 사람으로부터 선배가 금융회사를 떠났다는 소식을 들어야 했다. 그리고 평생 회원 관리를 해준다던 재무설계사와도 3개월간의 풀케어 시스템을 끝으로 연락이 두절되었다.

선배가 강력 추천했던 변액연금펀드는 200만 원의 손실을 보고 중도 해지를 했고, 재무설계사가 추천해준 5개의 적립식 펀드는 60개월이 지나고 나서야 간신히 본전만 건졌다. 물론 더 오랜 기간 묻어두었다면 언젠가는 수익이 났을지도 모른다. 하지만 5년간 계속되는 마이너스 수익을 더 이상 두고 볼 수는 없었다.

# 미생들의 영원한 고민, 주식이냐 부동산이냐

입사 후 투자의 '투' 자도 모르는 나는 항상 회사 동료들의 투자를 지켜보는 입장이었다. 당시에는 이미 부동산 투자가 한물간 시기였기에, 대부분은 주식에 뛰어들었다. 그중에는 주식을 억 단위로 굴리는 사람도 있었다.

주식으로 얼마를 벌었다는 소리를 들을 때마다 나는 투자 회사 선정은 어떻게 하는 건지, 특별한 노하우가 있는 건지 아니면 촉으로 하는 건지, 어떻게 특정 회사의 주식이 몇 시간 만에 오를지 내릴지를 예측할 수 있는 건지 궁금했다.

어느 날, 한 동료에게 어떻게 이와 같은 것들을 알 수 있는지 물어보았다.

"그 회사 주식이 오른다는 건 지난주에 여론조사 보고 알았지. 대통령이 될 가능성이 제일 높은 후보의 사촌이 그 회사 사장이거든. 잘 생각해봐. 만약 그 후보가 대통령에 당선되면 어떻게 되겠냐? 완전 대박 나는 거지. 이런 걸 '테마주(주식 시장에 새로운 사건이 터져 증권 시장에 큰 영향을 주는 일이 발생했을 때 이런 현상에 따라 움직이는 종목군) 투자'라고 하는 거야."

나도 주식 투자에 아무런 관심이 없었던 건 아니다. 나는 한 달을 꼬박 일해도 벌지 못하는 돈을 순식간에, 심지어 몇천만 원까지 벌어들이는 동료들을 보면 내 마음도 갈대처럼 이리저리 흔들리곤 했다.

하지만 주식은 내게 어울리지 않는, 그저 두렵기만 한 미지의 세계였다. 무엇보다 기업의 재무제표, 분기보고서, 일봉, 주봉, 월봉 등 주식 투자를 위해 알아야 하는 개념들이 너무나 어려웠고, 단시간에 오르락내리락하는 그래프를 보는 일 자체가 나 같은 소심한 새가슴에게는 어울리지 않는다고 판단했다.

게다가 주식 투자에는 꼭 성공 사례만 있는 건 아니었다. 기업의 상장 폐지로 가슴 아파 하는 사람들 또한 여럿 봐야 했다. 사실 멀리 갈 필요도 없었다. 아버지의 주식 패망 또한 내게 '주식 트라우마'를 남기고야 말았으니까.

## 🏠 직장인 재테크의 갈림길, 주식이냐 부동산이냐

주식 투자가 두렵다고 해서 재테크를 아예 등한시할 수는 없었다.

월급을 버는데도 하루하루 시간이 지날수록 가만히 있어도 불안하고 나아가는 것도 두려운 상태가 되어버렸다. 차라리 누군가가 내게 하나하나 알려주면서 '이렇게 하면 돼. 저렇게 하면 돼.' 하고 명령이라도 내려주면 편할 것 같았다.

어느 날 퇴근 후 미래에 대한 불안함이 목구멍까지 치고 올라와 예전에 가입해둔 온라인 경제 카페에 접속했다. 게시판 글을 계속 읽다 보니 조금은 위로가 되었다. 이런 고민을 나만 하고 있는 건 아니었기 때문이다. 게시판은 사회초년생들의 재테크 고민들로 가득했다.

그때부터 온라인 카페 글들을 정독하기 시작했다. 밤새 빠져들어 읽다 보니 창밖이 훤해질 때까지 모니터에서 시선을 떼지 못했다. 그날 아침, 뭐에 홀린 듯 온라인 재테크 카페가 보이는 대로 모조리 싹 가입했다. 그리고 그날부터 잠자는 시간을 아껴가며 게시판 글을 읽고 또 읽었다.

수많은 글을 읽었지만, 아래 두 가지 내용이 가장 인상적이었다.

-------------------------------------------------

1. "부동산은 '시간'이라는 양분을 먹고 자란다. 부동산 투자는 세금으로 인해 최소 2년 이상의 시간이 걸린다. 하루아침에 사고팔고 하는 투기성 단타 투자가 아니다. 미래를 바라보며 느긋하게 지켜봐야 하는 투자다. 시기에 따른 폭등과 폭락을 배제한다면 단순히 흘러가는 시간만으로도 수익을 기대할 수 있는 것이 부동산이다.

다시 말해, 돈의 가치는 떨어져도 실물자산인 부동산의 가치는 쉽사리 떨어지지 않는다. 그래서 '하방경직성'이라는 말도 있다. 은행에 넣어두는 돈의 가치는 인플레이션으로 인해 떨어질 수밖에 없지만, 부동산은 실물자산이기에 인플레이션에 따라 함께 상승한다."

2. "주식은 포커고, 부동산은 고스톱이다. 포커는 카드를 받아 패가 좋지 않으면 중간에 그만둘 수 있지만, 고스톱은 패가 도는 동안 중도하차할 수가 없다. 게임이 시작되면 어쨌든 끝을 봐야 한다. 마찬가지로 사람은 태어나서 죽을 때까지 생존의 3대 요소인 의식주에서 벗어날 수 없다. 옷을 입어야 하고, 음식을 먹어야 하고, 집에서 살아야 한다. 주식은 하지 않아도 살아가는 데 별 지장이 없지만, 부동산은 평생 피할 수 없다. 월세를 내던, 전세로 살던, 자가로 매매를 하던 셋 중 하나는 선택해야만 한다."

--------------------------------------------------------

글을 읽는 동안 내 머릿속은 빠르게 돌아가기 시작했다. 그때부터 수익률이 20퍼센트로 동일하다고 가정했을 때, 3,000만 원으로 각각 주식과 부동산에 투자하면 2년 뒤 실제 수익이 어떻게 되는지 따져보았다.

1) 주식 투자

투자금 3,000만 원 × 수익률 20퍼센트 = 수익 600만 원

2) 부동산 투자

투자금 3,000만 원(매매 3억 원, 전세 2억 7,000만 원이라 가정)

매매가 3억 원 × 수익률 20퍼센트 = 6,000만 원

여기서 취득록세, 복비 등을 600만 원 정도라고 가정하여

6,000만 원에서 600만 원을 제하면 수익은 5,400만 원

주식과 부동산 모두 실제 들어간 돈은 3,000만 원이고, 수익률 또한 20퍼센트로 같다. 하지만 2년이 지난 후 실제 수익은 주식 투자의 경우 600만 원, 부동산 투자의 경우 5,400만 원으로 무려 5,000만 원에 가까운 차이가 난다.

왜 이런 차이가 날까? 주식의 수익률은 내가 순수하게 들인 투자금을 기준으로 계산된다. 반면, 부동산 투자는 이른바 '지렛대 효과'를 누릴 수 있다. 즉, 위의 부동산 투자 사례에서 내가 투자한 돈은 3,000만 원이지만 수익률은 실투자금이 아니라 내가 매매한 부동산의 가격인 3억 원을 기준으로 따지기 때문이다.

그날 밤, 이 사실을 깨달은 순간부터 부동산 투자에 대한 생각이 머리에서 떠나지 않았다.

# 30대는 한 만큼 결과가 나오는 정직한 나이다

　무더위가 한창이던 2011년 6월의 여름, 갑자기 약속이 취소되면서 더위를 피할 곳이 필요해 무작정 서점에 들어갔다. 그냥 시간을 때울 생각으로 돌아다니다가 '직장인들이 꼭 봐야 할 도서' 코너에서 한 권의 책을 집어 들었다.

　'자기계발서가 뻔하겠지, 뭐.'

　그때부터 선 채로 그 책을 읽기 시작했다. 그런데 정신을 차려보니 어느덧 바닥에 앉아 몇 시간째 페이지를 넘기고 있었다.

- - - - - - - - - - - - - - - - - - - - - - - - - - - - - - -

　겉으로 보기에는 그냥 그 자리에 머물러 있는 것처럼 보일지 모르지만, 실제로 그 자리에 머물 수 있는 경우는 아주 드물다. 특히 오늘날처럼 변화무쌍한 세계에서 그 자리에 머물러 있다는 것은 곧바로 뒤떨어질 것임을 의미한다.

그러기에 위험을 직시하고 위험을 기꺼이 안고 행동으로 옮기는 사람들과, 그 자리에 머물러 있는 사람들 사이에는 세월의 흐름만큼이나 간극이 커지게 마련이다.

－『공병호의 자기경영노트』(21세기북스, 2001), 32쪽 중에서

"불현듯 당신에게 다가올 수 있는 실업에 대비해 여러분들은 오늘 하루 동안 무엇을 준비하고 있습니까? 일상의 분주함에 몸을 맡긴 채 '나는 너무 바쁘다'고 말하는 데 익숙해져 있지는 않습니까?"

－『공병호의 자기경영노트』(21세기북스, 2001), 129쪽 중에서

- - - - - - - - - - - - - - - - - - - - - - - - - - - - - - - - - - - - - - - - -

한 문장 한 문장이 가슴을 비집고 들어왔다. 차마 인정하고 싶지 않았지만 우물 안 개구리는 다름 아닌 나였다. 대학에 들어가고, 취직에 성공하면 알아서 인생이 술술 풀릴 줄 알았다. 하지만 현실은 달랐다. 나도 어느새 남 탓, 사회 탓을 하는 데 익숙해져 있었다. 갑자기 서점 한가운데서 낯이 뜨거워졌다.

그렇다면 지금부터 뭘 어떻게 해야 할까? 그렇다고 당장 직장을 그만두고 사업을 해야 할까? 사실 직장을 그만두지 않으면 월급쟁이가 취할 수 있는 대안에는 한계가 있다. 그런데, 회사를 피한다고 내 인생이 장밋빛으로 바뀐다는 보장이 있을까? 누군가의 말처럼 회사 안은 전쟁터지만 회사 밖은 지옥일지도 모르지 않는가. 그렇다고 이 환경을, 이 사회를 나 혼자서 당장 바꿀 수도 없는 노릇이다. 또, 그렇다고

매일 불평불만만 늘어놓으며 한평생 지내는 것도 답은 아니다.

그렇다면 방법은 오직 하나다. 생각을 바꾸고 나 자신을 바꾸는 것. 그것뿐이다.


## 🏠 미래의 나에게 미안하지 않기 위해서는 지금 변해야만 한다

그날 서점에서 대한민국의 82년생 평범한 직장인으로 살고 있는 나란 사람의 인생을 돌아보았다. 사실 10대, 20대에는 '앞으로 어떻게 살아야 하나'를 고민할 여력이 없었다. 최소한 남들과 같은 출발 선상에 서기 위해, 왜 해야 하는지도 모른 채 학점 관리와 스펙 쌓기에 돌입해야 했다. 그러니 나를 제대로 되돌아볼 여유 따위는 없었다. 나뿐 아니라 친구들, 선배들도 비슷했다. 누가 짰는지도 알 수 없는 인생의 틀은 너무나 견고해서 웬만해서는 벗어나기 어려웠다.

그렇다면 나 자신을 바꿀 수 있는 가장 좋은 때는 언제일까? 비로소 본격적으로 사회에 발을 내디디며 나아가는 30대가 아닐까?

어떻게 보면 30~40대는 가장 정직한 나이다. 10~20대는 밤새 게임방을 기웃거려도, 밤새 술을 마시고 놀아도 다음 날 아무 일도 없었던 양 쌩쌩했다. 마음만 먹으면 벼락치기도 어렵지 않았다. 하지만 30대부터는 확연히 달라진다. 내가 한 만큼 결과가 따라온다. 밤새 공부를 하면 다음 날 얼굴에 바로 티가 난다. 자기 전에 라면을 먹으면 얼굴이 붓고, 매운 음식을 먹으면 배가 아프다. 한번 들은 것도 끊임없이 되새김하지 않으면 금세 잊는다. 즉, 내가 들인 시간만큼, 내가 쏟아 부은 노력만큼 딱 그만큼의 결과가 나오는 시기다.

인풋 대비 아웃풋이 정직한 이 시기를 지나 50~60대가 되면 노력만큼 결과를 가져오기도 힘들어진다. 체력뿐 아니라 자신감도 덩달아 떨어지며 하루 고생으로 며칠간 드러누워야 할지도 모른다.

따라서 거절을 못해 여러 보험 상품에 가입을 하고 고지혈증을 얻어가며 술자리를 따라다녔던 소심한 김 대리는 변해야만 했다. 상대에게 미안하다는 이유로, 그 사람과 멀어질 것 같다는 두려움 때문에, 시간이 없다는 핑계만 대며 30대인 지금도 뭔가를 이루어내지 못한다면, 40~50대에는 지금과 비교도 안 될 만큼 더 힘든 시기를 맞이하게 될지도 모르는 일이었다.

서점을 나오면서 한 가지 생각이 머릿속에서 맴돌았다.

'하지 못할 이유는 그만 만들고, 해야 하는 이유부터 만들자.'

2장

# 지식 인풋

실전 투자 전에
반드시 넘어야 하는 허들

# 무료 강의도
# 강의 나름이다

아는 만큼 보인다는 말대로, 부동산 투자를 결심한 이상 무엇보다 부동산에 대해 제대로 알 필요가 있었다. 컴퓨터를 켜고 포털 사이트 검색창에 '부동산 투자 공부'를 입력했다. 어디서부터 살펴봐야 할지 모를 만큼 각종 도서와 뉴스, 소모임, 강의 정보가 쏟아져 나왔다. 나는 '밑져야 본전'이라는 생각으로 무료 강의를 찾아 리스트를 만들었다. 그리고 평일에는 퇴근 후 저녁, 주말에는 아침, 저녁 할 것 없이 무료 강의를 들으러 다녔다.

그러던 어느 날 신문에서 화려한 강사진들이 5시간 동안 진행하는 강의 정보를 접하게 되었다. 광고를 보자마자 신청하여 다행히 선착순 300명 안에 들 수 있었다. 강연장은 빈자리 하나 없이 수강생들로 빼곡했고, 결국 나는 강사 얼굴도 제대로 보이지 않는 맨 뒷자리에 겨우 자리를 잡아야 했다.

역시나 강의는 시작부터 나쁘지 않았고, 시간이 지날수록 점점 기대가 커졌다. 사실 화룡점정을 찍을 마지막 강의, '새로운 대통령, 새로운 정책 어떻게 대응할 것인가'의 내용이 가장 궁금했다. 강사 역시 꽤 유명한 분이었다.

드디어 기대하던 강의가 시작되었다. 강의는 한 시간짜리였는데 강사는 얼마 전에 다녀온 여행 이야기로 서두를 열었다. 그런데 40분이 지나도록 그분의 일본 여행기는 끝이 나지 않았다. 여기저기서 사람들이 수군수군하는 소리가 들려왔다. 하지만 강사는 아랑곳하지 않았다.

"저는 한국의 부동산을 분석하기 위해서 이렇게 주변 국가들을 계속 방문하고 있습니다. (파워포인트 자료를 가리키며) 이게 도쿄의 롯폰기 힐스입니다. 멋지지 않나요? 저는 일본뿐 아니라 홍콩, 대만에도 갑니다. 그만큼 제 시야는 한국에 국한되어 있지 않습니다. 얼마 전에는 정부 정책 토론도 다녀왔습니다. 이 정도는 해야 전문가라 할 수 있지 않을까요?"

강의 시간이 5분도 채 남지 않았지만 안타깝게도 다들 애타게 기다린 주제에 대한 이야기는 없었다.

결국 강의를 끝까지 듣고 나니 그의 의도를 확실히 알 수 있었다. 강의 막바지에 그는 유료 컨설팅을 신청하면 제대로 된 추천 지역을 알려줄 수 있다고 하면서 자신의 컴퓨터에 관련 자료가 가득 쌓여 있다고 강조했다.

"남의 지식을 공짜로 탐하면 안 되죠. 받는 게 있어야 저도 그만큼의 컨설팅을 해드릴 수 있지 않겠습니까."

그때 할아버지 한 분이 일어나 호통을 쳤다.

"여보시오. 도대체 그럴 거면 왜 무료라고 해서 사람들을 이렇게 부른 거요! 5시간 동안 정부 정책에 대해서 뭘 알려준 겁니까? 이거 완전 사기꾼 아니오! 여기 있는 사람들은 뭐 할 일이 없어서 여기까지 온 줄 아쇼?"

당시에는 나도 너무나 어이가 없었지만 생각해보면 그 강사의 말이 전혀 틀린 것도 아니었다. 자신이 어렵게 얻어낸 지식을, 그것도 그 큰 강연장을 빌려가면서까지 무료로 수강생들에게 다 퍼주면 남는 게 무엇이 있겠는가. 그럼에도 300명 수강생의 얼굴에 묻어났던 실망감과 쓸쓸함까지 지울 수는 없었다.


## 🏠 무료 강의도 여러 번 들어봐야 낚이지 않는다

한번은 빌딩 투자에 관한 주제로 강의를 들은 적이 있다. 빌딩 투자를 하려면 얼마나 많은 자금이 필요한지, 일반 아파트나 빌라와는 다른 특별한 투자법이 있는지도 궁금했고, 빌딩 투자자들만의 세계에 대해서도 알고 싶었다.

그날 모인 사람은 대략 50명이었는데 강의 시작 전 다들 기대감에 들떠 있었다. 이윽고 강의가 시작되었다. 떠들썩한 분위기는 이내 조용해졌고, 강사가 입을 열었다.

"저도 직접 빌딩 투자를 한 적은 없어요. 아시다시피 빌딩 투자는 자금이 많이 들어가죠. 저도 자금이 모일 때까지는 컨설팅만 할 생각입니다. 관심을 갖고 몇십 년간 컨설팅을 하다 보니 자연스레 전문가가 되었지요."

그렇게 자기소개를 마친 후, 수강생들에게 질문을 던졌다.

"여기 혹시 10억 원 정도 투자할 여유가 되시는 분 있나요? 한번 손 들어보세요."

아무도 손을 들지 않았다. 그는 살짝 당황한 듯 머리를 긁적이더니 이렇게 말했다.

"그렇다면 여기 오신 분들은 아직 빌딩 투자를 할 자격이 안 되는 겁니다. 최소 10억 원은 가지고 있어야 빌딩 투자가 가능하거든요. 그래서 저는 강남 부자들을 상대로 일을 하고 있어요. 그럼 오늘은 어차피 빌딩을 주제로 말해봤자 공감대가 없겠네요. 그냥 제가 살아온 이야기를 해드리겠습니다."

그때부터 그는 쉬는 시간 없이 1시간 30분간 초등학교 시절부터 지금까지 자신이 어떤 삶을 살아왔는지 열성적으로도 뱉어내기 시작했다. 물론 무료 강의에 내가 너무 많은 걸 바랐던 건지도 모른다. 하지만 강의를 들으러 온 수십 명의 사람들에 대한 최소한의 예의는 지켜야 하지 않을까. 그들도 자신의 아까운 시간을 들여가며, 아이를 누군가에게 맡기고, 해야 할 일을 잠시 미뤄두고 강연장까지 왔을 테니 말이다. 차라리 '빌딩 투자의 달인이 걸어온 길'라는 주제로 사람을 모집했다면 솔직하지 않았을까?

그때 맨 앞에 앉아 있던 수강생의 한마디가 들려왔다.

"저 강사 이번에 책 출간한다던데."

신문 광고나 온라인 카페를 찾아보면 지금도 무수히 많은 무료 부동산 강의 정보를 접할 수 있다. 물론 어떤 강의는 무료임에도 내용이 너무나 알차서 감탄을 한 적도 있다. 하지만 대다수는 맛보기 강의만 보여주고 엑기스는 유료로 수강하면 알려주겠다고 하면서 결국엔 유료 컨설팅으로 유도한다. 이 또한 몇 번 경험을 해보면 광고만 보더라도 어떤 강의일지 직감으로 느낄 수 있게 된다.

## ⌂ 강의를 들으면서 나에게 맞지 않는 투자는 걸러낸다

한번은 8주 과정의 재건축 강의를 들은 적이 있다. 지금이야 재건축 시장에 붐이 일었기 때문에 부동산 가격이 몇 년 전에 비해 폭등했지만, 당시만 해도 대치동 A아파트 30평형의 가격이 7억 원대까지 내려간 상태였다.

"A아파트는 고층 아파트라 해도 재건축에 들어갔을 때 최소 3억 원 이상은 남을 겁니다. 그러니 투자하려거든 지금 하셔야 해요."

강사는 현재는 부동산 시장이 죽어 있는 상태라 가격이 주춤하고 있지만, 재건축이 이슈화되면 오를 수밖에 없다고 했다. 확신에 찬 그의 말을 들으니 당장이라도 투자하고 싶은 마음이 굴뚝같았다. 하지만 투자를 하려면 최소 4억 원 이상이 필요했다. 4억 원이라…. 주머니를 털고 또 털어도 사회초년생이라면 절대 만들어낼 수 없는 거액이었다.

상가 투자 역시 너무나 매력적이긴 하지만 나에게는 당장 도전하기 어려운 분야였다.

"1층은 10평, 2층은 20평, 3층은 30평, 4층은 40평, 5층은 50평, 이렇게 최소한 각 층에 해당되는 평수만큼은 돼야 자영업자들이 들어옵니다. 1층이 30평, 40평 정도로 넓으면 오히려 임대가 더 안 나가요. 1층은 임대료가 가장 비싸서 평수가 넓은 만큼 자금에 대한 부담감이 크거든요. 반대로 5층인데 10평밖에 되지 않으면 이 또한 세입자를 들이기 힘듭니다.

앞으로는 길을 다니면서 건물들을 한번 둘러보세요. 대개 4층이나 5층 이런 데는 당구장, 피시방, 독서실, 학원 등 규모가 큰 사업장이 들어가 있어요. 그러니 상가 투자를 할 때는 각 층에 맞는 평수를 따져보고 매수해야 한다는 점을 꼭 염두에 두셔야 합니다."

이 강의의 결론은 상가 투자를 하려거든 1층 상가를 경매로 받는 게 유리하다는 것이었다. 상가 투자는 시세차익이 아닌 수익률을 노리고 하는 것이다 보니, 매매 가격 대비 월세 가격이 받쳐주지 않으면 수익률은 떨어질 수밖에 없다. 따라서 상가의 경우 일반 매매로 구하면 가격 자체가 너무 비싸 수익률을 확보하기 힘들다고 했다.

그렇다면 가격이 싼 곳은 어떨까? 상가의 가격이 싸다는 건 사실 임대가 잘되지 않는다는 뜻이다. 강사는 상가의 경우 일반 매매로 거래하면 '권리금' 문제가 따라다닌다는 점을 기억해야 한다고 했다. 또 최근에는 상가 세입자 보호를 위해 권리금 관련 법이 더 강화되긴 했지만, 경매로 상가를 낙찰 받으면 그나마 권리금 문제에서 좀 더 자유로워질 수 있다고 덧붙였다.

이때 나는 이런 의문이 들었다.

'장사가 잘되는 데다 월세도 꼬박꼬박 잘 내는 가게라면 누구나 탐낼 테고, 그렇다면 그냥 부동산에 내놔도 좋은 가격에 금방 팔 수 있었을 텐데 군이 경매로 나오는 이유가 있을까?'

내 궁금증을 알아채기라도 한 듯, 곧이어 강사는 당연히 위치도 좋고, 장사도 잘되고, 세가 꼬박꼬박 들어오는 상가는 경매 매물로 거의 나오지 않는다고 했다. 그러고 나서 이렇게 덧붙였다.

"상가 투자는 1층을 제외하고는 웬만하면 하지 마세요. 지하나 4층, 5층 이런 곳은 공실이 날 확률이 너무 높습니다. 공실이 몇 달만 이어져도 처음에 계획한 수익률이 전혀 나오지 않아요. 몇 달 정도 공실을 경험하면 삶의 의욕마저 잃을 수도 있으니 조심하셔야 해요."

그런데 참 아이러니하지 않은가. 경매로 나온 1층 상가를 낙찰 받는 게 최고의 방법인데, 제대로 된 1층 상가가 경매로 나올 확률은 극히 적다고 하니 말이다. 그날 나는 상가 투자가 매력적이라는 점은 확실하지만 내게는 이른 투자라는 결론을 내렸다.

# 10년간 1,000만 원을 지불하며 깨달은 강의 듣기 노하우

"거인의 어깨 위에 올라타라."

아이작 뉴턴이 한 말이다. 내가 거인이 아니더라도 거인의 어깨 위에 올라타면 그가 바라보는 시선으로 세상을 볼 수 있게 된다.

직장인들이 회사 생활을 병행하면서 어떤 분야의 거인이 된다는 건 현실적으로 너무나 어려운 일이다. 그래서 나는 부동산 재테크를 위해 '남의 시간'을 샀다. 2007년 공인중개사 자격증 강의를 시작으로, 무료 강의와 더불어 적게는 5만 원, 많게는 50만 원 정도 하는 유료 강의를 들으며 10년간 1,000만 원 이상의 등록비를 지불했다. 솔직히 1,000만 원이 적은 돈은 아니다. 중고차 한 대 값이 사라진 셈이니까. 하지만 다양한 분야의 강의를 들으면 들을수록 조바심이 사라졌고, 몇 년 뒤의 부동산 시장까지 편안한 마음으로 내다보는 인내심도 생겼다. 또한 나와 맞는 투자 스타일이 무엇인지도 알 수 있었고, 부동산 시장의 전체적인 흐름을 파악하는 데에도 많은 도움을 얻었다. 부동산에 대한 나만의 인사이트를 갖기 위한 첫 단추, 부동산 강의를 듣는 팁에 대해 알아보자.

### 1. 투자 전에는 최대한 다양한 강의를 듣자

'부동산'에는 아파트만 있는 것이 아니라 빌라, 단독 주택, 다가구 주택, 오피스텔, 상가, 도시형 생활주택 등 다양한 유형이 있고, 강의도 부동산의 종류에 따라 세분화되어 있다. 또한 재건축, 재개발, 리모델링, 분양권, 청약 등 접근법에 관련된 강의도 있다.

지인 중에 딱 한 분야의 부동산에 대한 강의만 듣고서 갖고 있던 투자금을 몽땅 한군데에 다 몰았다가 후에 다른 분야의 강의를 듣고는 뼈저리게 후회한 분이 있다. 그러니 여러 가지 강의를 들어보는 게 좋다. 어차피 투자라는 건 자기가 감당할 수 있는 리스크 안에서 행해져야 하며 모든 책임은 본인의 몫이므로, 남들의 말에 이리저리 휘둘리지 않기 위해서라도 많은 강의를 들어보는 게 유리하다.

### 2. 이론 최강자가 아닌 실전 경험자를 찾아가자

언론 기자, 금융권 종사자, 대학 교수 중에는 이론 전문가들이 많다. 물론 그중에는 실전 투자까지 겸하는 분들도 있긴 하지만, 몇몇을 제외하고는 이론 전문가에 더 가깝다. 심지어 한 번도 투자를 해본 적이 없는 분이 칼럼을 쓰고 강의를 하고 책을 쓰는 경우도 있다.

'자전거 타는 법'에 대해 글로만 배운 사람과 자전거를 실제로 타본 사람 중 누가 자전거를 더 잘 탈까? 당연히 후자다. 마찬가지로, 투자를 해서 돈을 벌고 싶은 것이라면 실전에서 많은 경험을 쌓은 사람에게 배우는 게 좋다.

### 3. 강사 정보는 SNS를 활용해서 미리 파악해놓자

부동산 시장이 활황을 맞으면서 부동산 강사 역시 기하급수적으로 늘어났다. 그동안 어디서 숨어 지냈던 건지 자칭 부동산 전문가들이 하루가 멀다 하고 쏟아져 나오고 있다. 강의 중에는 수업료가 5만 원 정도 되는 일회성 강의도 있지만, 50만 원 정도 하는 8주 정규 강의도 있다. 이렇게 너무 많은 강의가 있다 보니 막상 듣고 싶어도 무엇을 택해야 할지 몰라 결정 장애가 올 수도 있다.

이런 상황에서 아무런 사전 정보도 없이 무턱대고 강의를 신청하면 8주 동안 후회만 하다 끝날지도 모른다. 그러니 조금 귀찮더라도 사전에 강사의 이력을 파악해볼 필요가 있다. 가장 좋은 방법은 강사의 블로그나 SNS를 찾아보는 것이다. 글을 보면 그분이 실제로 투자 경험이 많은지, 어느 분야를 주로 다루는지, 나의 투자 스타일과 잘 맞는지 등을 어느 정도 가늠해볼 수 있다. 만약 블로그나 SNS에 글을 올리지 않는 강사라면 온라인 부동산 카페를 통해 강의 후기를 확인해보자.

### 4. 온라인 강의보다 오프라인 강의를 듣자

어릴 적 야구 경기를 보러 가는 내게 아버지는 이런 말씀을 하시곤 했다.

"니도 참 희한하제. 집에서 보면, 누버서도 볼 수 있고 화면 가까이서도 볼 수 있다 아이가. 그게 훨씬 편할 낀데, 와 그 복잡한 야구장을 가 쌌노!"

물론 편한 걸로 따지면 집에서 보는 게 더 나을지도 모른다. 하지만 현장의 생동감을 느끼면서 보는 야구장의 묘미에 맛들이고 난 후부터는 경기장에 가는 것을 선호하게 되었다.

부동산 강의도 마찬가지다. 집에서 편하게 동영상 강의를 듣다 보면 항상 뭔가가 아쉽고 부족했다. 아무리 체계적으로 만들어진 온라인 강의라 하더라도 오프라인 강연의 현장감과 에너지를 이길 수는 없다. 이왕이면 시간을 짜내서라도 강사의 숨결까지 느낄 수 있는 오프라인 강의를 듣자.

### 5. 시너지 효과를 누리자

강의를 듣는 데 시간과 자금을 들여야 한다면 시너지 효과

를 최대한 누려보자. 보통 강연장에 도착하면 사람들이 삼삼
오오 모여 부동산에 관한 이야기를 주고받는 광경을 어렵지
않게 볼 수 있다.

"사람들이 이번에 평택 청약은 꼭 넣어보래."

"이번에 산 집 인테리어 공사하는데 욕실 덧방 시공해보니
까 좋더라."

"종부세 때문에 걱정이 이만저만이 아니야."

이런 대화만 귀 기울여 들어도 생생한 부동산 정보를 귀동
냥할 수 있다.

강의가 시작되면, 나는 (녹음 금지인 경우엔 어쩔 수 없이 포기하
지만) 거의 녹음을 한다. 강의를 듣다 보면 나도 모르게 딴생각
을 하기도 하고, 한 번 듣고 제대로 이해하지 못할 때도 많았
다. 이렇게 녹음한 파일을 출퇴근길에 혹은 헬스장 러닝머신
위를 달리면서 짬짬이 들었다. 같은 책도 언제 어디서 읽느냐
에 따라 느낌이 다르듯 강의도 언제 어디서 듣느냐에 따라 색
다르게 다가왔다.

강의가 끝나면 가끔 뒤풀이를 하기도 하는데, 이때 간혹 강
사가 오프 더 레코드로 알짜배기 정보를 흘려줄 때가 있다.
또, 뒤풀이 자리에서는 강사에게 궁금했던 점을 허심탄회하게
물어볼 수도 있다. 게다가 그 자리에 있는 사람들끼리 자연스
럽게 인맥이 형성되기도 한다. 나도 이런 식으로 여러 단톡방
모임을 갖게 되었고, 실제로 투자를 할 때 그들로부터 많은 도

움을 받았다.

　투자 슬럼프가 찾아올 즈음, 부동산 강연장을 찾아가보는 것도 좋은 방법이다. 강연장에 가면 좋은 점 하나는 사람들의 열정을 담아올 수 있다는 것이다. 그동안 토익, 영어 회화, 자기계발, 스피치 등 각종 스터디 모임에 참여해봤지만, 개인적으로 부동산 스터디 모임만큼 열기가 뜨거웠던 곳은 없었던 것 같다.

**직장인 부동산 부자를 꿈꾸는 당신을 위한 추천 강의**

**부동산 투자를 쉽고 재미있게 배우기 ◉ 아기곰**
https://blog.naver.com/a-cute-bear

**함께하는 경매 스터디 모임 ◉ 행복재테크**
http://cafe.daum.net/happy-tech

**스터디 사관학교 ◉ 월급쟁이 부자들**
https://cafe.naver.com/wecando7

**부동산 투자 마인드 장착 ◉ 청울림 다꿈스쿨**
https://cafe.naver.com/dreamagainschool

**부동산 입지 공부 ▶ 빠숑의 세상답사기**
https://blog.naver.com/ppassong

**호재 투자 ◉ 골목대장**
https://cafe.naver.com/fieldlearning

**부부 부동산 투자 ▶ 부부가 부자 되는 꿈 '부드림'**
https://blog.naver.com/flysky2001

**부동산 투자와 학군 ◉ 월천재테크 학군과 부동산**

https://cafe.naver.com/1000tech

**부동산 실전 세금 ◐ 제네시스**
https://blog.naver.com/genesis421

**투자 슬럼프 극복 및 자기계발 ◐ 스페럴리스트**
https://speralist.blog.me & 유튜브 '포텐업' 검색

**수요와 공급 이해 ◐ 부산사랑의 도시이야기**
blog.daum.net/jjoqwert

**출퇴근길에 하는 부동산 공부 ◐ 팟캐스트 '부동산 클라우드'**
www.podbbang.com/ch/13360

# 변하지 않는
# 투자의 첫 스텝, 종잣돈

수많은 전문가의 강의를 들으며 공통적으로 느낀 점이 있다면 '투자에 정해진 정답은 없다'는 것이다. 같은 지역, 같은 유형의 부동산에 대해서도 전문가마다 의견이 달랐다. 하지만 그럼에도 꼭 하나 공통된 내용이 있었다. 바로 '종잣돈 만들기의 중요성'이었다.

자취를 하면 나 한 명 사는데도 생각 외로 필요한 물품이 꽤 많다는 것을 실감하게 된다. 침대, 이불, 베개, 텔레비전, 옷걸이, 수저세트, 세제 등 그전에는 내 돈을 주고 살 필요가 없었던 물건들을 사야 하니 돈이 아까웠다. 그래서 침대는 친구로부터, 침구는 작은아버지로부터 받았다. 컴퓨터 모니터는 아버지 회사에서 처분하는 중고 제품을 2만 원에 가져왔고, 본체는 온라인에서 최저가로 10만 원대 조립식 컴퓨터를 구입했다.

또 다들 평면 티브이를 볼 때, 나는 저렴한 브라운관 티브이를 구입했다. 어차피 방송만 나오면 그만 아닌가. 그리고 웬만한 건 자취생들의 메카, '다이소'를 이용해 구입했다. 5,000원에 구입한 밥상은 결혼할 때 신혼집으로 가져왔는데, 지금도 노트북으로 영화를 볼 때마다 요긴하게 쓰고 있다.

사용하지 않는 물건도 그냥 버리지 않고 조금이라도 돈을 벌어보고자 중고 거래 사이트를 이용해 팔았다. 그렇게 회사 동료들이 공짜로 줘도 안 가지겠다던 5년 쓴 브라운관 티브이도 5만 원에 팔았고, 쓰지 않는 MP3, 전자사전, 바지, 구두, 운동화도 사진을 잘 찍어 올렸더니 누군가가 사 갔다. 다른 사람들은 그냥 버리면 되지 귀찮게 뭐하러 그렇게까지 하냐고 했지만, 돈을 버는 걸 떠나 소소한 재미도 있었다.

헬스장을 등록할 때도 일단 중고 거래 사이트부터 들어가 헬스장 회원권을 검색했다. 많은 사람이 연초에 다이어트와 건강을 위해 1년 회원권을 끊지만, 2개월쯤 지나면 점점 나태해져서 헬스장에 드문드문 나가다가 후회하는 수순을 밟는다. 그래서 그런지 1년 회원권을 반값에 내놓은 경우도 허다했다. 그렇게 로커, 운동복까지 포함하여 10개월 남은 회원권을 13만 원에 구입한 적도 있다.

## ⌂ 종잣돈을 모을 때만큼은
## 잠시 멋을 내려놓자

"이게 언제 적 정장이냐? 왜 이렇게 번들거려?"

친한 동료가 내 패션을 보다 보다 한마디 했다. 입사 전 홈쇼핑에서 '원 플러스 원'으로 구입한 정장이었다. 옷을 구입할 때는 주로 가산동 아울렛을 이용했다. 아울렛에는 거의 연례행사 수준으로 방문했는데, '옷은 몸을 덮기 위한 것'이라는 신념으로 똘똘 뭉친 친구와 함께 쇼핑을 했다. 우리는 조금이라도 더 싼 옷을 찾기 위해 구석구석을 다 비집고 돌아다녔다. 그러니 디자인 같은 건 사치였다.

한 달에 한 번씩 지저분해지는 머리도 직접 손질했다. 처음에는 내가 잘할 수 있을까 싶었지만 거울을 보면서 이리저리 다듬어보니 이발도 할만 했다. 양말도 발목 부분이 늘어나 완전히 헤질 때까지 신었고, 10년 전에 산 2,900원짜리 티셔츠도 당당히 입고 다녔다.

"오빠는 받고 싶은 선물도 없어? 꼭 선물이 아니더라도 그냥 사고 싶은 것도 없어? 좋아하는 게 별로 없는 것 같아."

여자 친구는 내 생일이 다가올 때면 뭘 받고 싶은지 물어봤다. 그때마다 내 대답은 "그냥 아무거나 다 좋아."였다. 솔직히 나도 사고 싶은 게 있긴 있었다. 바로 자동차였다.

여자 친구를 위해서라도 차를 사고 싶었지만 차 구입비는 물론 유지 비용까지 생각하면 도저히 엄두가 나질 않았다. 2,000만 원 정도 되는 차를 구입한다고 가정했을 때, 세금, 주유비, 세차비, 보험비, 주차비, 대리운전비 등을 대략적으로만 잡아도 한 달에 60~70만 원은 들어간다. 만약 차를 구입하지 않는다면 10년 후 차 가격을 포함하여 대략 8,000만 원은 아낄 수 있을 테니 종잣돈을 열심히 모으던 당시에는 더더욱 섣불리 살 수가 없었다. 게다가 차가 없다고 해서 가고 싶은 곳을 못 간다는 법도 없었다. 서울과 수도권 내에서는 환승비를 포함하여 3,000원이면 'BMW(Bus, Metro, Walk의 준말)'를 타고 어디든 갈 수 있지 않은가.

여느 사회초년생과 마찬가지로 나도 입사 초기에는 술독에 빠져 살았다. 술을 많이 마셨다면 그만큼 돈이 꽤 많이 들었을 거라 생각하지만, 그렇지는 않았다.

먼저, 절대 비싼 술집은 가지 않았다. 부산에서 고향 친구가 올라오면 양도 푸짐하고 저렴한 술집으로 안내했다. 보통은 대학생들이 선호하는 술집에 자리를 잡아 저렴한 가격에 푸짐한 안주를 먹을 수 있었고, 사람들도 북적대니 분위기도 나쁘지 않았다.

또한 아무리 만취를 해도 반드시 지키는 나만의 법도가 있었다. 택시를 타는 것만은 절대 용납하지 않았던 것이다. 택시를 타면 기본적으로 1만 원이 없어지니, 한 번 타면 나의 사흘 점심값이 날아가는 셈이었다. 그래서 술자리에서 일찍 나와 지하철을 타거나 아예 술집에서 날을 새고 첫 지하철 운행 시간에 맞춰 귀가하곤 했다.

데이트 비용이 가장 신경 쓰였는데 그러던 내게 단비가 내렸다. '티몬, 쿠팡, 그루폰' 등 밤 12시만 되면 쏟아지는 어마어마한 쿠폰들이 있었던 것이다. 편의점 반값, 영화 반값, 인기 음식점 반값, 술집 반값 할인 등 데이트를 할 때 쓸 수 있는 유용한 할인 쿠폰들이 많았다. 그러다 보니 데이트 장소와 메뉴는 그날의 쿠폰에 따라 정해졌다.

젊을 때 고생은 사서도 한다는 말이 있다. 나도 이렇게 돈을 모으기 위해 많은 부분은 내려놓았던 시절이 있었기에 남들보다 빨리 '종잣돈 만들기' 과정을 졸업할 수 있었다고 생각한다. 그 결과, 남들보다 조금 빨리 경제적 자유를 누리게 되었다. 짠돌이 생활도, 종잣돈 모으기도 평생 할 필요는 없다. 짠테크는 빨리 시작해서 빨리 졸업하는 편이 낫다. 젊을 땐 목 늘어난 허름한 티셔츠도 개성이 될 수 있지만, 나이가 들면 옷이 그 사람의 품격을 나타낸다고 하지 않던가.

# 사람들은 항상
# 나의 재테크를 걱정한다

한때 당구 치는 재미에 푹 빠져 살았다. 그때는 잠을 자려고 누우면 천장에 빨간 공, 노란 공, 흰 공이 보였다. 상상 속에서만큼은 이미 프로 당구 선수급이었다. 식사를 할 때도 밥상은 당구대, 물잔과 반찬통은 당구공처럼 보였다. 아침에 눈을 떠서 밤에 눈을 감을 때까지 오직 당구 생각뿐이었다.

그런데 부동산 공부를 시작하고 얼마 지나지 않아 비슷한 일이 벌어졌다. 잠을 자려고 누우면 계속해서 수도권 지도가 떠올랐다.

'노원은 서울 동북부, 그 옆에는 구리, 남양주, 강남은 서울 동남부, 그 아래는 분당, 용인, 광교, 수원, 동탄….'

"야, 너네 집은 무슨 부동산 중개업소냐? 왜 저렇게 큰 지도를 벽에 붙여놨냐?"

자취방에 친구들이 놀러 오면 벽에 붙은 수도권 지도를 보고 다들 의아해했다. 이렇게 침대맡에 지도를 붙여놓으니 잠들기 직전까지 보기 싫어도 볼 수밖에 없었다. 그렇게 계속해서 지도를 보고 있노라면 부동산에 대한 투자 의지가 불타오르기도 했다.

'언젠가 수도권 여기저기에 내 집을 마련할 테다!'

출퇴근길에서도 부동산 생각은 끊이지 않았다. 지하철역에 내려가면 으레 볼 수 있는 것이 수도권 전철 노선도. 예전에는 지하철 노선도를 볼 일이 없었지만 부동산에 관심을 갖고 나서부터는 손가락으로 여기저기 짚으며 보게 되었다. 그렇게 한참을 바라보다가 지하철을 놓친 적도 여러 번 있었다.

회사에서도 부동산과 관련된 이야기가 들리면 주책없이 끼어들기도 했다. 한번은 누군가가 "애들 학교 때문에 와이프가 분당으로 이사를 가자고 하네요. 출퇴근 힘들 거 같은데."라고 하기에 나한테 말한 게 아닌데도 오지랖을 떨었다.

"분당 학군 좋잖아요! 분당 어디로 가시려고요? 수내동 시범마을, 아니면 이매동 이매중으로 가시게요? 거기 지하철도 있지만 광역버스도 많아요. 명동까지 바로 가는 버스도 있고요. 분당이 비싸다 싶으면 평촌도 학군이 좋고, 학원가도 엄청 크고 유명하잖아요."

이렇게 불쑥불쑥 끼어들다 보니 직장에서 어느새 '부동산 좀 아는 사람'으로 통하게 되었고, 급기야 주말에 전화로 부동산에 대해 물어보는 동료까지 생겼다.

"주말인데 잘 쉬고 있어? 다름이 아니라… 너 부동산 좀 안다며?

그래서 말인데, 뭐 좀 물어보자. 우리 어머니가 이번에 집을 산다고 하시는데, 이미 집 한 채가 있으면 1가구 2주택이니까 세금 왕창 내야 하는 거 아니야?"

"제가 아는 한에서 말씀드릴게요. 기존 집은 살고 계신 지 오래 되었을 테죠. 그럼, 새로운 집 사고 갖고 있던 집을 3년 안에 팔면 양도세 비과세가 가능해요."

## 🏠 실전에서는 부동산 중개업소와 통화하는 것도 도전이다

이처럼 부동산에 관심을 갖고 공부한 지 몇 년이 지나자, 주변에서 대출, 세금, 경매 할 것 없이 부동산에 대해 이것저것 물어보는 사람들이 점점 늘어났다. 부동산 책을 봐도 관련 용어들이 더 이상 생소하게 느껴지지 않았고, 부동산 투자에도 자신감이 생겼다. 적어도 누군가가 이렇게 말하기 전까지는.

"이야, 너는 서울 사람도 아닌데 토박이인 나보다 서울 여기저기를 더 많이 알고 있네. 지하철 노선도를 일부러 달달 외운 거야? 대단하다. 너 알고 보면 집 열 채 정도 갖고 있는 거 아니야?"

이 말을 듣자마자 갑자기 얼굴이 화끈 달아올랐다. 당시에는 단 한 채의 집도 가지고 있지 않았기 때문에 정곡을 찔린 느낌이었다. 자전거를 책으로만 배운 사람이 자전거 타는 법을 가르치는 것과 뭐가 다르단 말인가. 물론 부동산 투자는 결국 실전이라는 사실을 누구보다 잘 알고 있었다. 하지만 억대의 큰돈이 들어간다는 것이 너무나 두려 웠다.

"지인이 분양권 투자했다 팔지도 못하고 빚쟁이로 살고 있어요."

막상 투자를 결심하다가도 이런 이야기를 들으면 바로 겁이 났다. 가만히 있으면 중간이라도 간다고, 사실 투자를 안 하고 가만히 있으 면 적어도 손해를 볼 일은 없지 않은가. 괜히 투자를 시도했다가 더 큰 것을 잃을지도 모른다. 하지만 현재보다 더 많은 돈을 벌고 싶다면 도 전을 해야만 하고, 그만큼 위험을 감수해야 한다는 사실 또한 잘 알고 있었다.

그럼에도 용기 내어 부동산 중개업소에 전화를 걸어도 어설프기는 마찬가지였다.

"여보세요, ○○부동산입니다."

"네, 거기 A아파트 전세를 찾고 있습니다만⋯."

"혹시 언제 입주 예정이세요? 평수는 어느 정도 생각하시나요?"

"아, 그게⋯."

이렇게 통화 도중 그냥 끊어버린 일도 여러 번 있었다. 부동산 중개 업소에 전화만 걸면 전세는 얼마고, 매매는 얼마인지 알아서 말해줄 줄 알았는데, 다짜고짜 세세한 질문을 들이대니 당황스럽기만 했다. 전화 통화만으로도 이렇게 가슴이 쿵쾅쿵쾅 달음질하는데, 실제로 부 동산 소장님과 대면하면 무슨 말을 할 수 있을까? 이러니 투자는 도저 히 엄두도 낼 수 없었다.

# 🏠 부동산 투자하기 좋은 때란 없다

"아들아, 내가 얼마 전에 유엔 보고서라는 거를 봤다 아이가. 근데 그 보이깐에 앞으로 우리나라 미래가 다 보이드라."

명절을 맞아 고향에 내려갔더니, 아버지가 난데없이 유엔 보고서에 대한 이야기를 꺼내셨다.

"아버지 그런 것도 보세요? 거기에 뭐라고 나와 있는데요?"

"내도 우연찮게 그런 글 있어가 봤드만 앞으로 계속 인구가 줄어들어가꼬, 주택 가격도 떨어질 꺼란다. 그라이깐에 니도 서울서 집 사지 말고 그냥 전세로 옮겨 다니믄서 살란 말이다. 괜히 서울 사람들 꼬임에 넘어가꼬 집 산다는 소리 같은 거 하지 말고."

난생 처음 유엔 보고서를 접한 아버지는 내가 부동산에 관심을 갖고 강의도 들으러 간다는 걸 알고 계셨기에 행여 빚내서 집이라도 살까 노심초사하셨다.

"네, 걱정 마세요. 강의만 듣는 거지 어차피 집 살 돈도 없어요. 빚도 능력이 있어야 내죠."

2011년 당시 부동산에 관한 인기 검색어는 시장의 하락을 대변해주는 '하우스푸어, 미분양, 할인 분양, 아파트 떨이, 아파트 땡처리' 등이었다. 심지어 인천에서는 아파트 할인 분양에 반대하는 입주민들의 시위 도중 50대 남성이 분신하여 숨지는 일까지 일어났다. 분양했던 아파트가 몇 년이 지나도 팔리지 않자, 건설업체가 미분양을 이유로 최대 40~50퍼센트까지 가격을 내려버린 것이었다. 비싼 값을 주고 입주했던 기존 입주민들은 앉은 자리에서 몇억 원의 자산이 사라졌으니 어찌 억울하지 않겠는가. 그러자 건설업체들은 고육지책으로 '애프터 리빙제'라는 새로운 개념을 도입했다.

'옷은 입어보고 사는데 집은? 3년 동안 살아보고 결정하세요.'

이것은 일산의 한 아파트가 내세운 애프터 리빙제 광고 문구다. 계속해서 미분양 상태로 둘 수는 없으니 건설사들은 전세 보증금이라도 받아 자금 부족을 해소하려 했다. '꿩 대신 닭' 전략이라도 써야 했던 것이다. 이러한 분위기이다 보니 아버지도, 회사 동료들도 부동산 투자를 다 말렸다.

한번은 친한 선배에게 부동산 투자에 대해 진지하게 고민 중이라고 털어놓았더니 이런 말이 돌아왔다.

"그냥 부동산은 공부하는 거로 만족해. 너가 부산에서 오래 살다 와서 아직 서울 분위기를 잘 몰라서 그래. 부동산 시장은 이제 끝이야. 집은 사는buy 게 아니라, 사는live 거야. 괜히 후회하지 말고 직장이나 열심히 다녀."

부동산 모임의 지인들, 부동산 강사들을 제외하고는 어느 누구도 부동산 투자에 대해 긍정적이지 않았다. 아니, 친한 사람일수록 진심으로 나를 뜯어 말리고 싶어 했다. 인간은 다수의 편에 설 때 비로소 안정감을 느낀다고 했던가. 나 또한 그 안정감에 취해 실전 투자에서 점차 멀어져갔다.

# 회사를 더 즐겁게 다니고 싶어서
# 부동산 투자를 결심했다

일요일 아침, 어김없이 지하철역으로 향했다. 온라인 경매 카페에서 결성해준 스터디 모임에 참석하기 위해서였다. 반 강제로 지정해준 모임이었지만, 멤버들과는 강의 전에 같이 예습을 하면서 서서히 친해졌다. 회사는 부동산 이야기를 터놓고 하기 어려운 분위기였기에 이런 자리만 가면 가슴이 뻥 뚫리는 듯했다.

스터디 모임에서는 경매 투자 경험이 있는 분들이 번갈아가며 경매 물건을 분석해줬다. 멤버 중에서 나는 가장 나이가 어렸고, 실전 경험에 있어서도 막내였다.

"임장은 잘 다녀왔어? 이젠 입찰도 한번 해봐야지."

"그러게, 이제 실전 경험 좀 쌓아라. 우리는 투자자지, 이론 전문가가 아니라고."

그들은 이론만 파고 있는 나를 답답해했다.

8주 경매 강의가 끝나고, 멤버들과 함께 영종도로 엠티를 갔다. 경매 스터디 모임에서 간 나들이인 만큼 낮에는 경매 공부를 하고, 저녁에는 쫑파티를 벌였다. 술자리가 무르익어갈 무렵, 스터디 멤버 중 두 번째로 나이가 많은 형이 내게 말했다.

"너는 지금까지 돈 얼마나 모았어? 여기 사람들한테 한 번도 밝힌 적은 없는데, 나는 지금 가진 현금만 10억 원이 넘어. 자산으로 따지면 아마 30억 원쯤 될걸."

30대 중반밖에 되지 않는 형이 나로서는 상상도 못할 자산을 가지고 있다는 말에 두 눈이 휘둥그레졌다.

"나도 너 나이에 부동산 공부 처음 시작했어. 결혼하자마자 월셋집 살면서 종잣돈 모은다고 먹을 것, 입을 것도 아껴가며 정말 억척같이 모았어. 물론 돈 모으는 동안 투자 공부도 계속했고. 첫 투자를 할 때는 어찌나 겁이 나던지, 손이 덜덜 떨릴 정도였지. 그런데 딱 한 걸음을 떼니깐 그때부턴 어렵지 않더라. 그렇게 계속 공부해서 돈 모이면 투자하고, 또 돈 모이면 투자하고, 이렇게 여러 번 반복하다 보니 나도 모르는 사이에 자산이 만들어진 거야. 짧다면 짧은 시간이지만, 정말 누구보다 열심히 했어."

"그렇게 악착같이 투자한 이유라도 있었어요?"

"음… 당시엔 정말이지 빨리 돈 벌어서 지옥 같은 회사를 그만두고 싶었거든. 근데 신기한 건 뭔 줄 아니? 이렇게 투자해서 어느 정도 자산이 모이고 나니깐, 회사 생활이 더 이상 지옥 같지가 않더라. 그만두려고 했던 맘이 쏙 들어가는 거야. 뭐랄까. 경제적으로 여유가 생기니까 마음의 여유도 생겼다고나 할까. 그때부터는 회사에서 선임이 싫은 소리 해도 '네, 죄송해요. 다음부터 잘할게요.' 하고 넉살 좋게 웃으면서 넘기는 경지에 도달했지."

실제로 형은 평소에도 회사 다니는 게 재미있다는 말을 입에 달고 살았다. 경제적으로도 정신적으로도 여유가 있어 보이는 형을 보니, 스스로가 너무나 초라해 보였다.

"내가 하고 싶은 말은, 그러니까 너도 할 수 있다는 거야. 너 나이 때 투자에 관심 갖기 쉽지 않은데 투자 강의 들으러 온 것만 해도 어디냐. 그런데, 부동산 사무실은 방문해본 적 있어?"

"아, 그게, 그러니까…"

"그냥 망설이지 말고 이번 주에 딱 한 번만 가봐. 형이 다음에 체크할 거야. 나 취해도 기억할 건 다 기억하는 놈이거든!"

집으로 돌아가는 길에 형의 이야기를 계속해서 곱씹었다. 많은 이야기 중에서도 부동산 투자를 한 이후로 회사 생활이 더 즐거워졌다는 말이 가슴에 콕 박혔다.

그날 밤, 마음 한 편에서 작은 용기가 싹트기 시작했다.

'그래, 이제 이론은 그만 파고 실전에 부딪혀보자.'

# 함께하면 효과는 두 배, 부동산 스터디 모임 팁

"빨리 가려거든 혼자 가고, 멀리 가려거든 함께 가라."

이는 아프리카 속담으로, 부동산 투자에도 그대로 적용된다. 투자 감각이 몸에 배기 전에는 당연히 두려울 수밖에 없다. 그러나 이때 함께하는 동지가 있다면, 두려움을 반으로 줄일 수 있다. 서로 의지를 북돋으며 '으쌰으쌰' 하는 분위기를 만들다 보면 저절로 의지가 불타오른다.

특히나 소심한 성격을 가진 나는 스터디 모임을 통해 큰 도움을 받았다. 연세가 지긋하신 부동산 소장님을 만나 한마디도 못 하고 나왔다는 이야기를 하면 스터디 모임의 누나, 형들은 다들 처음엔 자기들도 그랬다면서 힘을 실어주었다. 슬럼프 시기에도 함께하는 동행이 있었기에 빠르게 극복할 수 있었다.

특히 두려움 때문에 실전에 한 발짝 내딛는 것조차 어려운 나와 같은 사람이라면, 멤버끼리 서로 응원도 하고 정보 공유도 할 수 있는 부동산 스터디 모임에 참여할 것을 꼭 추천하고 싶다.

### 의지하되 의존하지는 말자

여기서 주의해야 할 점이 있다. 의지를 하는 건 좋지만 의존을 하는 건 금물이라는 사실이다. 함께하라고 할 땐 언제고, 이번엔 왜 의존하지 말라고 하는지 의아해할 것이다.

보통 스터디 모임에 들어가면 모임별로 특성이 있다는 걸 알게 된다. 재개발 강의를 듣고 만들어진 모임은 오래된 빌라 투자가 최고라고 하고, 분양권 강의를 듣고 만들어진 모임은 분양권 투자가 정답이라고 한다. 그러다 보니 한 스터디 모임 안에 오래 머물면 자기만의 투자 기준을 세우기보다 모임에서 말하는 것을 맹목적으로 따르게 된다. 가령 소형 아파트 갭투자를 주로 하는 모임에서는 이런 말을 많이 듣는다.

"나 지난번에 샀던 아파트, 실투자금 300만 원 들었어."

"나는 돈 한 푼 안들이고 무피로 투자했는데?"

이런 분위기이다 보니 누군가가 "나는 얼마 전에 재개발 빌라 지분 투자를 했어."라고 하는 순간, 스터디 멤버들이 "왜 그런 걸 투자했어? 무조건 손해 볼 텐데!" 하며 걱정하고 말리기 시작한다. 심지어 투자 고수로 불리는 멘토도 "그런 투자는 하시면 안 돼요. 실수하셨어요 얼른 매도하는 게 가장 좋은 방법입니다."라고 하며 그 스터디 모임과 맞지 않는 투자는 어리석다고 폄하하기도 한다.

그러나 부동산 투자에는 꼭 한 가지 방법만 있는 것이 아니다. 따라서 처음에는 모임을 통해 투자에 대한 두려움을 이겨내되, 기초가 다져졌다 싶을 땐 과감하게 홀로서기를 하거나 다른 영역으로도 시선을 넓히는 게 좋다. 한 영역만 고집하다 보면 자신도 모르는 사이에 고인물이 되어버릴지도 모른다. 부동산 역시 시장의 사이클에 따라 소형 아파트, 재개발 빌라, 재건축 아파트, 분양권 투자 등 유리한 종목이 변하게 마련이다. 따라서 한편으로는 모임에 참여하여 유용한 정보를 잘 알아두되 한편으로는 홀로서기를 통해서 자신만의 투자 철학과 투자 스타일을 완성해나가는 게 중요하다.

대부분의 부자들도 투자 전에는 전문가의 조언을 구한다. 하지만 그렇다고 해서 전문가 조언에만 의존하지는 않는다. 부자들은 모르는 분야에 대해 좀 더 쉽고 빠르게 알고자 투자 초기 단계에 전문가를 활용할 뿐이다. 그렇게 정보를 취합한 후 최종 결정은 스스로 내린다.

다른 사람들의 말에 크게 흔들릴 때마다 영화 〈죽은 시인의 사회〉의 대사를 기억하길 바란다.

"자신만의 걸음으로 자기 길을 가라. 바보 같은 사람들이 뭐라 비웃든 간에."

# 2부

# 소심한 김 대리가
# 실전에서
# 부동산을 대하는 자세

# 3장

# 이론과 실전 사이

실전에서 겪게 되는
통과 의례

# 콩닥콩닥
# 첫 부동산 중개소 방문

'뭐라고 이야기를 건네지? 경매 물건 때문에 왔다고 하면 쫓아낼 것 같은데… 일단 거짓말을 좀 해야겠다.'

이렇게 머뭇거리다가 되돌아간 게 벌써 몇 번째인가. 부동산 중개업소 사무실 밖에서 한참을 서성거리며 힐끔힐끔 안에서 무슨 일이 벌어지고 있는지를 살폈다. 공인중개사 사무실을 임장하러 온 게 아닌데, 문조차 열지 못하고 있다니….

마침내 숨을 크게 들이쉬고 문을 열었다.

"안녕하세요. 신혼집을 찾고 있습니다."

이 말 한마디를 내뱉는 게 왜 그렇게 힘들었을까. 갑자기 가슴이 요동치기 시작했다. 다행히 소장님은 따뜻하게 맞아주셨다.

"잘 왔어요. 내가 여기 20년을 살아온 사람인데, 참 살기 좋아요. 그리고 요 앞에 지하철 9호선 공사 중인 거 보이시죠? 이것만 개통되면 여기 부동산 가격이 쭉 상승할 거예요. 전세가랑 매매가 차이도 얼마 안 나니 실거주뿐만 아니라 투자용으로 사두셔도 좋을 거예요."

부동산 소장님은 약 한 시간 동안 인근 지역에 대해 설명해주셨다. 명함을 받고 소장님과 인사를 건넨 후 사무실을 나와 길을 걸었다. 첫 방문이 성공적이었다는 생각에 의기양양해 있을 때쯤, 휴대전화가 울렸다.

"네, 조금 전에 오셨던 부동산입니다. 저… 저희 부동산 앞 빌라에 1층 상가하고 3층 경매 나온 게 있는데, 혹시 그것 때문에 저희 부동산에 오신 건 아니신가 해서요."

소장님 말이 끝나기 무섭게 답변이 속사포처럼 튀어나왔다.

"경매요? 저는 경매 같은 거 몰라요. 그냥 신혼집 있는지 물어보러 간 건데요."

나는 설마 혼내려고 전화를 한 건가 싶어 긴장한 채로 다음 말을 기다렸다.

"아니면 됐어요. 거기 3층은 몰라도, 1층 상가는 위험한 곳이니 절대 입찰 들어가면 안 된다고 알려드리려 했어요."

"네? 뭐가 그렇게 위험하다는 건지… 아, 아닙니다. 저랑 상관없는 일인데요. 그럼 수고하세요."

솔직히 왜 위험한지 물어보고 싶었지만, 거짓말한 게 들통이라도 날까 봐 꾹 참기로 했다. 어쨌든 그 덕에 '1층 상가는 뭔지 모를 위험이 도사리는 곳'이라는 값진 정보를 얻을 수 있었다.

# 🏠 강력하게 말리는 데는 반드시 이유가 있다

부동산 중개업소 방문이 끝나고 그길로 친구를 만났다. 대학교 시절부터 친하게 지낸 고향 친구였는데, 투자는커녕 중개업소 문조차 제대로 열지 못하는 나한테 임장을 배우러 강원도에서 서울까지 단숨에 날아온 것이다.

"일단 지하철역부터 가본 다음에 거기서부터 그 집까지 얼마나 걸리는지 도보 시간도 재보고 동선도 파악해보자."

그렇게 우리는 지하철역으로 돌아갔고, 다시 경매 물건지로 돌아오는 데 정확히 1시간 30분이 걸렸다. 원래 20분이면 될 거리를 방향 감각도 없는 촌놈 둘이서 추운 밤거리를 헤매다 보니 몇 배의 시간이 걸린 것이다.

"힘들게 다시 왔는데 안에 들어가서 벨도 누르고 세입자도 만나야 하는 기 아니야?"

친구의 말이 맞았지만 건물 1층 현관에서부터 난관에 봉착했다. 비밀번호 설정이 되어 있었던 것이다. 결국 건물 주변만 빙빙 돌아야 했다. 강원도에서 온 친구에게, 소심한 나의 모습을 제대로 보여준 셈이었다. 그러나 이번에도 나의 정당화는 빨랐다. 비록 제대로 된 내부 구조나 세입자는 만나지 못했지만, 부동산 소장님과 대화도 나눠보고 주변 분위기도 파악했으니 이것만으로도 충분하다고 생각하기로 했다.

그렇게 시간이 흘러 입찰 날짜를 2주 앞두게 되었다. 나는 그동안 회사에 휴가 신청도 하고, 입찰 보증금을 위한 마이너스 통장도 만드는 등 만반의 준비를 마쳐 이제 출격만 남은 상태였다. 그런데, 이건 또 무슨 일인가. 입찰하려 했던 3층 물건에 '취하(경매를 신청한 채권자가 경매 신청을 철회하는 것)'라고 쓰여 있는 게 아닌가. 다 차린 밥상에 숟가락 하나 얹어보지 못한 채, 첫 도전부터 물거품이 되어버렸다.

뿐만 아니라 나중에야 알게 된 사실이 더 기가 막혔다. 3층 물건은 취하되었지만, 1층 상가는 누군가에게 낙찰되었는데 낙찰자 이름이 낯설지 않았다. 그랬다. 낙찰자는 내가 방문했던 그 부동산 중개업소의 소장님이었다.

'그래서 그렇게 위험한 물건이라고 강조하셨구나. 친절하기도 하셔라.'

# 무서운 형님들이
# 살고 계십니다

'와! 이 정도 수익이면 대박이겠는데? 일단 상가부터 낙찰 받고, 사업까지 한번에 가는 거야.'

벌써 새벽 3시다. 곧 있으면 출근할 시간인데 잠이 오지 않았다. 이 시간에 모니터를 보고 있는 내 모습이 이젠 너무나 익숙했다.

사실 이 사업 아이템을 생각한 건, 한 달 전쯤이었다. 지인 중에 드럼을 전공한 학생이 있었는데, 방학이 되자 그는 연습실을 찾아다녔다. 평소에는 학교에서 연습을 했지만, 방학이 되니 연습할 곳이 마땅찮았던 것이다. 그렇다고 집에서 드럼을 칠 수는 없지 않은가. 인터넷 검색을 하던 도중 신림역 부근에 연습실이 있다는 걸 알게 되었다고 하여 나도 함께 가보기로 했다.

지하 상가에 비밀번호 키를 누르고 들어갔다. 관리하는 사람은 안 보이는데, 음악 소리는 여기저기서 들려왔다. 내부에는 예전에 유행했던, 오락실의 코인 노래방 같은 방음 부스들이 들어차 있었다. 자세히 살펴보니 부스 하나하나에 비밀번호 잠금 장치가 걸려 있어 본인이 빌린 시간 동안 그 안에서 자유롭게 연습할 수 있었다.

"갑갑해서 연습할 수 있겠어? 찾아오는 사람도 별로 없겠다."

"형이 이 세계를 전혀 모르네. 여기 신청하려면 최소 2주 이상 기다려야 돼. 대기 순번까지 있다고."

"그래? 한 달 이용료는 얼만데?"

"30만 원."

그 말을 듣는 순간, 경매를 공부하는 사람으로서 가만히 있으면 안 될 것 같았다. 곧장 집으로 뛰어가 컴퓨터를 켰다. 그리고 음악 연습실에 있었던 부스는 얼마인지, 중고 부스는 얼마인지, 인테리어비는 어느 정도 되는지, 지하철역 인근에 있는 건물 지하에 경매 물건은 있는지 파헤치기 시작했다. 그러다 몇 차례의 유찰(응찰자가 없어 낙찰되지 못하고 무효가 선언되어 다음 경매에 넘어가게 되는 것) 끝에 최저 감정가가 5,000만 원도 채 되지 않는 지하 상가를 발견했다. 게다가 그 상가 건물은 당시에 주목받았던 지하철역에서 도보 5분 거리에 있었다.

## ⌂ 무지보다 어설픈 지식이 더 위험하다

주말 아침, 설레는 마음을 안고 건물로 향했다. 그런데 막상 건물에

도착하자 또다시 실전 울렁증이 올라왔다. 결국 바로 들어가지 못하고 주변을 30분간 어슬렁거렸다.

'집으로 다시 돌아갈까? 아니야, 여기까지 왔는데 눈 딱 감고 들어가보자.'

용기를 내어 지하로 내려가는 문을 열어보았다. 다행인지 불행인지 잠겨 있지 않았다. 계단을 한 걸음 한 걸음 조심스레 내려갔다. 쾌쾌한 냄새가 코를 찔렀다. 전기가 끊겼는지 불이 들어오지 않아 휴대전화 조명을 켰다. 내부는 생각보다 넓어서 방음 부스가 30대는 들어갈 수 있을 듯했다. 5분도 채 지나지 않아 다시 지상으로 올라왔다.

"저기요, 혹시 지하에 경매 나온 거 보고 오신 거예요?"

마침 같은 건물의 화분가게에서 일하고 계셨던 사장님이 말을 건넸다.

"이쪽으로 오세요. 안에서 이야기 좀 나눠요."

사장님은 따뜻한 커피까지 내주며 말씀하셨다.

"젊은 사람이 대단하네요. 나도 여기 경매 나온 거 알고 한번 해보고 싶었는데 지식이 없어서 포기했거든요. 사실은 저희 집이 담벼락으로 막혀 있는데 그게 지하 상가 출입문 때문이에요. 혹시 낙찰 받으면 그 담벼락 좀 허물어주시면 안 될까요? 남북으로 서로 막혀 있는 것도 보기 안 좋고, 손님들이 저희 가게가 잘 안 보인다고 하더라고요. 비용은 제가 전부 부담할 테니 좀 부탁하겠습니다, 사장님."

나이도 지긋하신 분이 사장님이라는 호칭까지 써가며 부탁하니 괜히 어깨가 으쓱해졌다.

"아, 네. 알겠습니다. 걱정 마세요. 제가 한번 낙찰 받아서 그렇게 해보겠습니다."

사실 말은 이렇게 내뱉었지만, 그때만 해도 난 입찰 법정 한번 가보지 않은 왕초보 투자자였다. 그럼에도 임장지 근처에 사는 주민과 대화도 나누고, 커피도 얻어 마시니 낙찰의 기운이 몰려오는 듯 했다.

"그럼 안녕히 계세요. 낙찰되면 이 명함 보고 연락드리겠습니다."

그런데 일어나려는 순간, 사장님이 급하게 입을 열었다.

"아, 맞다. 여기 낙찰 받으시면 이 건물 2층에 관리단에 가서 말 좀 잘 해보세요. 아저씨들이 여럿 계신데, 저는 무서워서 말을 못 하겠더라고요. 법이라도 좀 알면 모를까."

"아저씨들이요?"

"그게, 덩치가 좀 큰 아저씨들이 있긴 한데, 지하층을 자기들이 무조건 낙찰 받을 거라 하더라고요. 그래 봐야 경매 전문가를 이길 수 있겠습니까."

혹시 저번처럼 본인이 직접 낙찰 받으려고 일부러 겁을 주는 건지도 모르니 확인이 필요했다. 곧바로 '○○ 인테리어'라고 적혀 있는 2층으로 올라갔다. 아니나 다를까, 검은 정장에 덩치가 큰 남자분들이 사무실 소파에 앉아 있었다. 눈이 마주치자, 그들은 날카로운 눈빛을 쏘아대며 소리쳤다.

"거기 누구요? 여긴 뭐하러 왔어?"

나는 "아닙니다!" 짧은 외마디를 내뱉고 1층으로 줄행랑쳤다. 젊은 나이에 그것도 첫 투자에서부터 불미스러운 일에 휘말리고 싶지는 않았다. 나의 결정은 어느 때보다 빨랐다.

'깨끗이 포기하자.'

그럼에도 상가 지하층으로 음악 연습실 사업을 해보겠다는 마음만은 남아 있었다. 하지만 그마저도 얼마 가지 못했다. 소방시설법에 의해 지하 1층의 경우 싼 가격에 낙찰 받더라도 그 후에 들어가는 비용이 만만치 않다는 사실을 뒤늦게 알게 된 것이다. 자세히 알아보니 그 비용을 아끼고 수익을 올리려면 불법 영업을 강행해야 했다. 하마터면 낙찰 비용, 음악 연습실 부스 비용, 인테리어 비용만 날리고 오픈조차 하지 못할 뻔했다는 생각을 하니 가슴이 철렁했다. 무식하면 용감하다는 말을 실감하는 순간이었다.

# '0' 하나만 더 썼을 뿐인데
# 수천만 원이 공중으로

경매 강의가 시작되기 전, 수강생들의 자리 쟁탈전은 그야말로 치열했다. 수업을 시작하기 30분 전인데도 이미 만석에 가까웠고, 수업 시간에 맞춰 오는 날은 칠판 글씨가 하나도 보이지 않는 구석 자리만 남아 있었다. 그날은 좋은 자리를 얻기 위해 1시간 가까이 일찍 강연장에 도착했다. 낯가림이 심해 옆자리에 앉은 사람들에게 먼저 입도 뻥긋하지 못했지만, 아주머니들의 수다에는 한 시간 동안 귀를 활짝 열고 경청했다.

"어머, 너 그 얘기 들었어? 책에서만 나오는 얘기인 줄 알았는데, 경매장에서 내가 직접 목격할 줄이야!"

여전히 실전 경험이 없었던 나에게는 수강생의 경험담이야말로 가슴에 와 닿는, 살아 있는 정보였다. 실전에서 벌어지는 경매 이야기를 듣다 보면 투자란 것이 결코 호락호락하지는 않음을 실감할 수 있었다. 물론, 경매가 대중화되면서 경매의 틈새시장이라 할 수 있는 특수물건에 도전하지 않는 이상 그 위험성이 현저히 낮아지긴 했다. 특수물건이란 손쉽게 권리관계를 정리할 수 있는 일반 물건에 비해 선순위 가처분, 유치권, 법정지상권, 위장임차인 등 관련 지식이 없으면 접근하기 어려운 권리관계에 하자가 있는 물건을 말한다. 경매 투자자들은 그만큼 늘 조심하는데도 한순간의 실수로 몇천만 원, 많게는 수억 원을 공중으로 날리는 경험을 하기도 한다.

"내 얘기 좀 들어봐, 이게 있을 수나 있는 일이야. 어떻게 숫자 하나 잘못 적었다고 몇천만 원을 뺏어가냐! 그것도 정의를 심판하는 법원에서."

나는 자는 척을 하며 책상에 엎드려서 듣다가 결국 궁금함을 참지 못하고 귀에 꽂혀 있던 이어폰을 뽑았다.

"얼마 전에 수원 ○○아파트 최저 입찰가가 3억 5,000만 원에 나왔던 거 알지? 나도 거기 입찰하려고 법원에 갔었거든. 그런데 낙찰 받은 1등이 써낸 입찰 가격이 얼마였는 줄 알아?"

"얼만데?"

"자그마치 30억 원이래! 3억 원도 아니고 무려 30억 원!"

"도대체 얼마나 대단한 아파트길래 30억 원이나 쓴 거야?"

"알고 보니깐 낙찰자가 실수로 영(0) 하나를 더 쓴 거야. 딱 봐도 젊어 보이는 새댁이 소리를 지르면서 앞으로 뛰쳐나오는데…."

그다음 얘기가 너무나 궁금한 나머지 나도 모르게 묻고 말았다.

"그럼, 어떻게 되는 거예요?"

"어떻게 되긴요. 30억 원 내고 3억 원짜리 아파트를 낙찰 받던지, 아니면 입찰 보증금으로 낸 돈 다 날리는 거죠!"

많은 사람이 이런 말도 안 되는 일이 설마 진짜 있을까 하고, 실수로 한 걸 뻔히 다 알 테니 나중에 돈을 돌려 줄 거라고 생각한다. 하지만 실제로 그런 일은 거의 일어나지 않았다. 더 놀라운 건, 비슷한 실수로 인해 자그마치 연간 800억 원이라는 돈이 낙찰자의 손에서 날아간다는 것이었다. 그 돈이 한 사람당 5,000만 원이라 해도, 연간 1,600명이 이런 일을 겪을 수 있다는 이야기다. 그러니 나는 절대 그런 일 없을 거라 장담하기보다 나도 저런 일을 겪을지도 모른다 여기고 조심하고 또 조심하는 게 현명하다.

## ⌂ 원숭이도 나무에서 떨어지게 마련이다

같은 강의를 들으면서도 수강생들의 투자 속도는 천차만별이었다. 8주 과정 중 1주차 강의만 듣고도 낙찰 소식을 전하는 수강생이 있는가 하면, 그중에서도 단연 돋보이는 분도 있었다. 내가 아는 한 여성분은 두 달이라는 시간 동안 신축 빌라, 아파트, 심지어 자동차까지 낙찰을 받을 정도로 이미 '경매의 신'이 되어 있었다.

어느 날 그분이 우리 스터디 모임에 참석하고 싶다며 찾아왔다. 나는 이때다 싶어 궁금했던 점을 물어보았다.

"어떻게 낙찰을 그렇게 많이 받으셨어요? 그럼, 수익은 얼마나 보신 거예요?"

제사보다 제삿밥에 먼저 관심을 보인다고, 솔직히 그분의 수익이 가장 궁금했다.

"아직은 제대로 팔지도 못했는데요. 제대로 판다고 하면 7,000만 원 정도는 되지 않을까요?"

두 시간이 넘는 대화를 통해 그분이 그 수익을 위해 얼마나 큰 위험을 감수했는지를 알 수 있었다. 심지어 신축 빌라를 낙찰 받을 때는 온몸에 용 문신을 하고 속옷만 입고 있는 남자들과 같은 방에서 숙식까지 했다고 한다. 낙찰 받은 집의 유치권이 그들과 연관되어 있었고, 누가 질세라 그 집의 점유권을 확보하기 위해 미리 터를 잡은 것이었다. 낙찰 받은 사람이 집의 소유자이니 경찰을 불러 쫓아내면 되지 않느냐고 되물었지만, 그것마저 쉬운 일이 아니라고 했다.

"폭행이 있었나요? 유치권 관련 문제라면 이건 민사 문제입니다. 경찰이 개입할 수 없어요. 다툼 없이 잘 해결하세요."

이것이 경찰의 흔한 답변이라고 했다.

그런데 8주 강의가 끝나고 얼마 뒤 그분의 이야기가 또다시 들려왔다.

"저번에 우리 조에 왔던 그분, 이번에 법원에서 난리 났다던데."

"무슨 일인데요?"

"수업 시간에 배운 '선순위 임차인' 기억나? 그분이 등기부에 기록되어 있던 임차인을 가짜라고 판단해서 가격을 높게 적어 낙찰 받았는데, 알고 보니 진짜 선순위 임차인이었대. 졸지에 추가로 7,000만 원을 더 내게 생겼다고 하더라."

"그거 취소하는 방법 있지 않았나요?"

"안 그래도 그분이 어떻게든 취소해보려고 변호사도 선임하고 경매 강사한테도 연락해보고 했는데, 결국 취하가 안 된대. 순식간에 7,000만 원이 공중으로 사라진 거지. 인생 수업료 크게 냈다고 생각해야지 어쩌겠어."

호위무사처럼 강해 보이던 그녀도 자신이 휘두른 칼에 나가떨어지고 말았다. 몇 달 동안 위험을 감수하고 무서운 남자들과 싸워가며 얻어냈던 수익이 한순간의 실수 때문에 원점으로 돌아간 것이다. 그동안 나도 그 고생에 대해 다 들었던지라 가슴이 서늘해졌다.

# 감당할 수 없는 것을
# 시도하지 않는 것도 지혜다

"낙찰을 받고 당당하게 현관문을 열었을 때, 가장 난처한 상황은 어떤 거라 생각하세요?"

어느 날, 경매 수업이 끝날 무렵 강사가 질문을 던졌다. 수강생들 저마다 입을 열었다.

"무서운 깍두기 형님들을 마주칠 때요."

"내부에 짐만 가득 차 있고, 사람은 없을 때요."

"해맑게 문 열어주는 아이들이 있을 때요."

강사가 대답했다.

"물론 말씀해주신 것들도 모두 난처한 상황입니다만, 저의 경우 경매하면서 가장 힘들었던 상황은 현관문을 열고 들어갔는데, 링거 투혼을 하는 노모가 계셨던 집이었어요. 깍두기 형님들이야 소송을 하든, 돈으로 협의를 하든 어떤 조치를 취할 수가 있잖아요. 하지만 거실에 누워서 꼼짝도 못 하는 노인이 계신데, 이런 상황에 어떻게 명도(기존 세입자나 집주인을 내보내는 일)를 할 수 있겠어요? 그땐 정말 난감했어요."

그때 한 수강생이 심각한 표정으로 손을 들고 말했다.

"강사님, 저는 최근에 일어난 일 때문에 도저히 어떻게 해야 할지 모르겠어요. 이번에 정말 끔찍한 일을 겪었거든요. 명도하려고 거기 살던 세입자와 협의하는 과정이었어요. 그분이 손해 보는 금액이 5,000만 원이나 돼서 이사비로 몇백만 원은 드리려 하고 있었고요. 그런데 언젠가부터 전화를 받지 않는 거예요. 왠지 불길해서 경찰을 동행해서 문을 따고 들어갔죠. 그러고서 안방 문을 열었는데 방 안에는 아무도 없었어요. 그런데 방문 뒤에…."

그녀는 몇 초간 말을 잇지 못했다.

"그러니까… 목매달고 죽은 사람이 있었어요. 이제 다시는 경매 같은 건 못할 것 같아요."

그녀의 목소리와 함께 몸도 떨리고 있었다. 잠깐의 침묵이 흐른 후, 강사가 조심스럽게 입을 열었다.

"경매라는 게 하다 보면 이런 일, 저런 일을 참 많이도 겪어요. 어떻게 보면 높은 가격으로 조금이라도 빨리 낙찰 받아준 낙찰자가 고마운 존재일 수도 있지만, 실제로는 죄인이 된 것 같이 느껴질 때가 더 많아요. 저의 경우에는 명도하러 간 집에서 부부가 일주일 간격으로 한 명씩 목숨을 끊은 일도 있었어요."

수강생들의 입에서는 헉하는 소리가 새어나왔다.

"사업이 망하고 집까지 경매로 넘어가면서 힘들어하던 중에 남편이 먼저 집에서 목숨을 끊은 거예요. 그 소식을 듣고 이를 어쩌나 하고 발을 동동 구르는데 얼마 못 가 또 충격적인 소식을 들었죠. 남편의 죽음에 충격을 받은 아내가 정확히 일주일 뒤에 남편 따라 목숨을 끊었다는 거예요. 정말 안타까웠죠. 제가 잘못해서 벌어진 일은 아니었지만, 갑자기 경매에 대한 회의감이 밀려오더라고요."

강사는 이미 한참 지나간 일이라 그런지 덤덤한 말투로 이야기하긴 했지만, 그 일이 얼마나 큰 트라우마로 남아 있을까 싶었다.

"그때 꽤 크게 충격을 받아서 몇 달은 법원 근처에도 가지 않았어요. 그래도 어쨌든 뒷수습은 해야 하니 정신 차리고 방역업체를 불러서 소독도 하고 청소도 했어요. 그리고 새로 들어오는 세입자한테는 주변 시세에 반도 안 되는 금액으로 보증금과 월세를 받았죠. 그렇게 몇 번 세입자가 바뀌고 나니 제 마음도, 그 집도 안정이 되더라고요. 그러면서 생각했죠. 경매를 하려면 더 강해져야겠다고요. 여러분도 늘 꽃길만 기다리고 있을 거라 기대하시면 안 됩니다. 특히나 경매를 할 때는 마음을 더 단단히 먹으셔야 해요."

아름다운 길만 기대하고 경매 공부를 시작한 건 아니었지만, 만약 내게 이런 일을 생긴다면 어떨까? 상상도 하고 싶지 않았다.

찰리 채플린의 명언 중 "인생은 멀리서 보면 희극이지만, 가까이서 보면 비극이다."라는 말이 있다. 멀리서 경매 투자자들을 보았을 때는 그들이 그저 멋있어 보였다. 하지만 가까이서 지켜본 그들의 모습은 마치 지뢰밭을 달리는 군인들처럼 아슬아슬 위태로워 보였다.

## 🏠 하나를 얻으려면, 하나를 놓아야 한다

"근데, 형 지난번에 낙찰 받은 부산 아파트 어떻게 되고 있어요?"

당시에 이론만 실컷 파고 있는 나와는 달리 실전을 제대로 파고 있던 형이 있었다. 그는 8주 정규 강의를 듣는 중에 경매, 공매 가릴 것 없이 입찰을 하더니, 8개월 만에 네 곳을 낙찰 받았다.

"그거 투자금이 너무 많이 들어가 있어서, 급하게 처분하려고 부동산에 내놨는데 연락이 없네. 근데 그거 팔려도 이사비, 수리비, 세금, 복비 떼고 나니 남는 게 없어. 살던 세입자 명도한다고 맘고생한 거까지 생각하면, 완전 마이너스야."

나도 형이 그 아파트 낙찰 받으려고 부산까지 몇 번을 왔다 갔다 했고 몸 고생, 맘고생한 걸 뻔히 다 알고 있었는데 본전도 어렵다니 참으로 안타까웠다.

"그래도, 강서 쪽에 낙찰 받은 아파트로는 500띠기 할 수 있을 것 같아."

"500띠기가 뭐예요?"

"띠기는 최종적으로 남는 순수익을 말하는 거야. 경매 공부를 한다는 사람이 아직도 그걸 몰라?"

아무리 특수물건이 아니라 해도 경매는 경매다. 권리분석도 해야 하고, 명도도 해야 한다. 권리분석이란 경매 물건을 낙찰 받기 전에 낙찰자가 낙찰 대금 외에 추가로 인수해야 하는 권리가 있는지 여부를 확인하기 위한 절차다. 이때 인수되는 권리와 말소되는 권리를 구분하는데, 낙찰 후 소멸되지 않는 권리는 낙찰자에게 인수된다.

게다가 입찰을 한다고 해서 꼭 낙찰이 쉽게 되는 것도 아니다. 회사에 휴가를 내고 열 번의 입찰을 했는데 단 한 번도 낙찰도 받지 못하는 일도 허다하다. 또 앞에서도 말했듯 작은 실수로 몇천만 원의 손해를 본 투자자도 많다. 그렇게 고생해서 얻은 순수익이 고작 500만 원이라니, 이건 아니다 싶었다.

그날 저녁, 오랜만에 만난 친구가 낙찰 받은 이야기를 들려달라고 했다. 아침에 '500띠기 이야기'를 듣고 싱숭생숭했는데, 그런 말까지 들으니 더더욱 심란해졌다. 몇 년 동안 내가 한 거라곤 고작 경매 나온 물건 권리분석을 하고, 임장만 다닌 게 다였다. 심지어 법정 한번 가보지 못한 내가 참 한심하게 느껴졌다. 함께 공부한 형, 누나들은 그래도 어느 정도 부동산 기본 지식을 갖추면 바로 실전에 돌입했는데, 나는 그러지 못했다.

경매 정보를 찾아보면서도 그저 싸게 낙찰 받을 생각에만 혈안이 되어 있었다. 그러다 보니 경매 물건이 역에서 얼마나 떨어져 있는지, 편의 시설은 좋은지, 주변에 새로운 호재는 없는지 아무것도 제대로 파악하지 못했다. 즉, 숲 전체를 보지 못하고 오로지 눈앞에 보이는 나무만 보고 있었던 셈이다. 솔직히 입찰을 간다 해도 낙찰을 받을 거란 자신감도 없었다.

'아기 업고 경매 법정에 오는 엄마들이 보이기 시작하면 경매는 끝물'이라던 지인의 말이 생각났다. 당시에도 경매에 대한 사람들의 관심이 급증하다 보니, 자연스럽게 낙찰가율이 올라갔다. 가격만 높게 쓰면 이기는 게임이 경매 아니던가. 여러 번 패찰되다 보면 낙찰 받기 위해서라도 가격을 높게 쓸 수밖에 없다. 또한, 컨설팅 업체에서는 낙찰이 되어야 수수료를 받을 수 있기에 높은 금액을 적어냈다. 그러다 보니 급기야 특수물건을 제외하고는 낙찰 금액이 부동산 급매 시세와 비슷한 지경에 이르렀다. 그렇다고 부동산 왕초보인 내가 큰 수익을 노리고 경매 특수물건에 도전하는 건 너무나 위험했다. 집에 있는 특수물건 관련 대법원판례집은 이미 냄비 받침대로 쓰인 지 오래였다.

며칠간 속앓이를 하던 나는 결국 중대한 결정을 내렸다. 함께했던 경매 스터디 모임의 형, 누나들에게 이별을 고한 것이다.

"죄송합니다. 저 이제 경매 공부 접고, 일반 부동산 공부부터 차근차근 하려 합니다. 경매가 제 적성엔 맞지 않는 것 같아요. 다음 주부터 저는 여기서 하차하겠습니다. 그동안 감사했습니다."

그렇게 단 한 번의 낙찰도 받아보지 못한 채, 몇 년간 이론만 팠던 경매 시장을 쓸쓸히 떠나야 했다. 그래도 희망의 끈을 놓지는 않았다.

'하나를 놓았으니, 분명 하나를 얻을 수 있을 거야.'

# 시간 없는 직장인을 위한 초스피드 손품 투자 4단계

요즘은 원하는 데이터가 있으면 얼마든지 앉아서 얻을 수 있는 시대다. 예전에는 부동산 매물도 직접 공인중개사 사무실에 전화를 해야만 알 수 있었다. 하지만 지금은 오늘 나온 따끈한 매물 정보도 '네이버 부동산'에 다 올라와 있어 투자 준비의 7할은 손품 조사에서 결정이 난다고 봐도 무방하다. 손품으로 정보를 수집할 때는 이미 차고 넘치는 정보를 어떻게 조합하느냐가 관건이다. 특히 시간이 부족한 직장인들에게 유용한 초스피드 손품 투자 4단계에 대해 소개하겠다.

## 초스피드 손품 투자 4단계

**1단계 지역 선정** 먼저 수요와 공급을 체크하기 위해 향후 2~3년 이내 대규모 입주 물량을 체크한다. 이때 공급 폭탄 지역은 피하는 게 상책이다. 지역 선정 시에는 아파트 입주 예정 물량 뿐만 아니라 아파트 가격, 직접 거주해본 사람들의 이야기를 볼 수 있는 어플 '호갱노노'를 사용할 것을 추천한다.

그다음, 부동산 입지를 체크한다. 가장 좋은 곳은 대기업과 가깝고, 교통이 편리하며, 학군이 좋고, 호재가 있는 지역이다. 당연히 여러 조건을 갖춘 지역일수록 실수요자가 많으며, 그러한 장점들이 부동산 침체기에도 가격 하락의 방어막이 되어줄 수 있다.

**2단계 아파트 선정** 지역을 선정했다면, 그 지역 안에서도 어느 동네가 좋을지 어떤 아파트 단지가 좋을지 좀 더 구체적으로 접근해야 한다. 많은 투자자들이 활용하는 웹사이트인 중앙일보의 '조인스랜드 부동산'에서는 투자금이 적게 들어가는 아파트를 검색하기 편리하다. 네이버에서 아파트 단지 하나하나를 클릭해서 파악하는 것도 물론 좋겠지만, 나는 시간을 절약하기 위해 여전히 이 방법을 선호한다.

**조인스랜드 부동산** ▶ http://joinsland.joins.com

**조인스랜드 접속** ▶ **[시세] 클릭** ▶ **[테마별 시세검색] 클릭** ▶
**[전세비율 높은 아파트] 클릭**

홈페이지에 들어가 위와 같은 순서로 클릭하면 '전세 비율이 높은 아파트 리스트'가 쭉 나온다. 관심 지역을 구별로 하나하나 클릭해서 매매가 대비 전세 비율이 높은 단지부터 찾는다. 그렇게 나온 것들이 바로 투자 금액도 적게 들어가고 실수요자들이 선호하는 곳이다. 나의 경우, 환금성이 떨어지는 300세대 미만 단지는 배제하고 본다. 이렇게 찾아낸 아파트 단지 리스트를 엑셀로 정리한 후, 네이버 부동산에 들어가 실제 거래되는 가격과 비교해본다. 이 과정을 거쳐 최종적으로 투자하고 싶은 아파트 단지 10개를 선정한다.

단, 수요와 공급, 입지를 무시한 채, 전세가 비율이 높은 곳만 찾아 투자하는 것은 전형적인 갭투자 방식으로 상당히 위험하다. 과욕은 금물임을 항상 명심하자.


**3단계 빅데이터 수집하기** 다음은 위에서 선택한 아파트 단지에 대한 요모조모를 습득하는 단계다. 네이버 검색은 물론, 더불어 '나무위키'라는 검색 사이트에 들어가 해당 지역을 검색해본다. 그러면 해당 도시의 인구, 역사, 도시 구조, 교통, 상권, 교육, 의료 등에 관한 내용까지 상세히 볼 수 있다. 이를 기본 자료로 활용하여 그 지역 정보의 큰 뼈대를 만든다.

그리고 여기에 살을 붙여 넣는다. 살아 있는 정보를 수집하기 위해 네이버 부동산 커뮤니티를 들어가 실제 거주했던 사람들의 이야기를 찾아본다. 여기에는 단순 아파트 홍보글도 있고, 비방글도 있는데 일단 단지의 장점과 단점을 따로 정리해두고 의심이 가는 부분은 추후에 체크하면 된다.

그러고 나서 '온라인 지역 맘카페'로 들어가본다. 여기서 해당 아파트 단지 이름이나, 학군, 교통 등 검색하면 이미 많은 사람들이 올린 질문과 답변을 볼 수 있다. 만약 원하는 정보가 없다면 직접 질문을 올려보자. 이렇게 엄마들의 시선으로 바라본 부동산 정보를 얻었다면, 이제는 좀 더 깊이 있는 정보를 얻을 수 있는 온라인 부동산 카페에 들어가본다. 개인적으로는 '아름다운 내집갖기', '부동산 스터디'를 추천한다.

**아름다운 내집갖기** ▶ https://cafe.naver.com/rainup
**부동산 스터디** ▶ https://cafe.naver.com/jaegebal

기본적인 지식을 바탕으로 이제 인근 부동산 중개업소에 전화를 걸어보자. 이왕이면 녹음하는 걸 추천한다. 5분 이상 통화한 뒤 끊고 나면 무슨 이야기를 나눴는지 제대로 기억나지 않을 때가 많다. 통화가 끝나면 녹음해둔 내용을 천천히 들어보면서 따로 기록해둔다. 데이터 수집 중에 실제 현장에서 보고 싶은 것, 팩트 체크가 필요한 부분, 궁금한 점은 따로 메모해둔다.

**4단계 나만의 투자 지도 완성하기**  투자하고 싶은 열 곳 중 빅데이터 수집으로 또 한 번 필터링을 거친 뒤 마지막으로 다섯 곳 정도를 추려 임장을 준비한다. 그러고 나서 아래 그림처럼 그 지역의 지도를 캡처해서 그 위에 대략적인 20평, 30평대 시세를 기록한다. 이 작업의 주요 목적은 아파트 단지들의 가격 차이를 한눈에 알아보고, 어떤 점이 그 차이를 만들어내는지 확인하기 위해서다. 이렇게 4단계를 거쳐 추리고 추린 정보를 토대로 발품에 나서야 시행착오도 줄일 수 있고, 현장에서도 유의미한 정보를 얻을 가능성이 높아진다.

▲ 실제로 2016년 임장 전에 썼던 이미지. 네이버 지도 이미지를 캡처한 후, 파워포인트 프로그램을 활용하여 세부 내용을 삽입했다.

**4장**

# 실행하기

**백 개의 지식보다 강력한
한 번의 경험**

# 82년생 소심이 쫄보, 드디어 첫 투자를 감행하다

2013년 겨울, 서울의 추위만큼이나 부동산 시장 역시 얼어붙어 있었다. 유명 강사의 강연장은 썰렁했고, 그해 말까지 주택을 매수하면 5년간 양도세를 면제해준다는 정부의 유혹에도 사람들은 흔들리지 않았다. '집은 사는buy 것이 아니라 사는live 곳'이라는 인식이 팽배했다.

경매 투자를 단념한 나는 그즈음 부동산 공부의 기초부터 다시 잡기 시작했다. 책마다 형형색색 형광펜으로 밑줄까지 그어가며 또다시 열심히 이론을 팠다. 그러던 중 여느 때처럼 강의를 듣던 어느 날, 강사의 한마디에 마음이 요동쳤다.

"지금으로부터 5년간 있을 '양도세 면제'는 다시 오지 않을 정부의 선물입니다. 꼭 놓치지 마세요."

순간 무슨 일이 있어도 올해가 가기 전에 투자를 해보겠다는 의지가 타올랐다. 더 이상 미루면 아무런 성과가 없었던 부동산 투자를 포기할 것만 같았다.

투자하고 싶은 지역은 예전부터 정해져 있었다. 비록 명성이 예전만큼은 아니었지만, '입지의 6대 요소(수요와 공급, 나의 수준에 맞는 투자금, 직주근접, 교통, 학군, 호재)' 중 뭐 하나 빠지지 않는 똘똘한 지역이라 생각했다. 직주근접은 '직장과 주거가 얼마나 근접해 있는가'를 말한다. 지금 당장은 돈이 부족해 직접 들어가 거주할 수는 없겠지만, 훗날 아이의 학군을 고려하면 직접 살고 싶은 곳이었다. 부산에서 우연히 봤던 뉴스에서는 그곳을 칭찬하다 못해 거의 찬양하는 수준이었다.

나는 틈이 날 때마다 그 지역의 시세를 확인했는데 시간이 지날수록 매매 가격은 떨어졌고, 전세 가격은 올라 전세가율이 어느덧 80퍼센트에 이르렀다. 마치 두 개의 가격이 찰싹 붙을 기세로 가까워지고

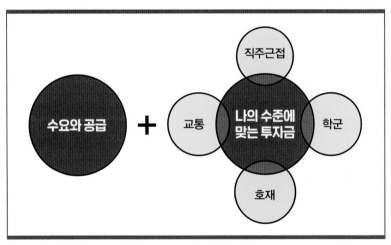

▲ 부동산의 가치를 결정하는 6가지 요인. 빨간색 원 2개가 부동산의 가격을 결정하는 가장 기본 전제 조건이며, 나머지 4개의 노란색 원은 그다음으로 중요한 요인들이다.

있었는데, 그건 곧 전세를 끼고 투자한다면 예전에 비해 훨씬 적은 금액으로도 가능하다는 뜻이기도 했다.

'그래, 이왕 결심한 투자라면 누가 봐도 좋은 이곳에 내 생애 첫 투자를 감행하자.'

그곳은 바로 '천당 아래 있다'는 분당이었다. 분당은 1기 신도시에 해당하는 곳으로, 1기 신도시란 성남시 분당, 고양시 일산, 부천시 중동, 안양시 평촌, 군포시 산본 5개 도시를 가리킨다. 이 도시들은 집값을 안정시키고 주택난을 해소하기 위해 1990년대 초부터 만들어졌다. 서울은 이미 수많은 집들로 들어차 있었기 때문에 살던 사람들을 내쫓고 건물을 새로 짓기에는 돈도 시간도 많이 들었다. 그 대안으로 선택된 이 넓은 빈 땅에는 교육, 공원, 교통, 쇼핑 등 다양한 생활 인프라들이 계획적으로 들어섰다. 즉, 주민들이 편하고 안락한 삶을 누리게끔 체계적으로 설계되었기에 자연스럽게 실수요자들이 너도나도 살고 싶어 하는 지역이 되었다.

그렇게 매력적인 곳임에도 당시에는 향후 몇 년간 지어질 대규모 아파트 단지가 없었다. 즉, 수요에 비해 공급이 항상 부족했던 것이다. 더구나 분당에는 또 다른 호재가 있었는데, 바로 판교 벤처밸리 사업이었다. 이 사업이 창출하는 임직원 수만 7만 명이 넘었는데 어차피 판교에는 이 많은 수요자들을 받아줄 아파트도 부족했고, 상대적으로 아파트값도 비쌌다. 이런 정황을 종합해보았을 때, 나는 많은 젊은 직원들이 인근 지역인 분당으로 유입될 수밖에 없을 거라 판단했다.

## 🏠 생애 첫 투자로
## 천당 아래 분당을 품에 안다

투자 지역을 분당 신도시로 정했으니, 그 안에서도 어느 동네의 어떤 아파트에 투자할지에 대해 고민해야 했다. 솔직히 분당 신도시의 대표 주자라 할 수 있는 곳은 수내동, 서현동, 정자동이었다. 하지만 그곳에 투자하려면 최소 1억 원 이상의 큰 자금이 필요했다. 좋은 동네라는 것은 잘 알고 있었지만 투자금 대비 수익의 측면에서 봤을 때 나의 수준에는 맞지 않았다. 분당 신도시의 장점은 누릴 수 있으면서 그나마 실투자금이 적게 들어가는 곳은 야탑역과 오리역 근처였다. 결국 나의 마지막 선택은 오리역 인근이었다. 물론 야탑역 부근도 좋은 동네였지만, 유흥 시설이 즐비한 게 맘에 걸렸다.

오리역 인근까지 레이더를 좁히고 나자, 남은 건 단지와 평형을 선택하는 일이었다. 여기서 추가적으로 생각했던 것이 리모델링 사업이었다. 리모델링 사업은 재건축 사업에 비해 수익성은 떨어지지만, 재건축 연한이 많이 남아 있던 1기 신도시에는 새로운 호재거리였다. 또 수평 증축(건물의 좌우 앞뒤, 즉 옆으로 면적을 늘리는 리모델링 방법) 사업보다 사업성이 좋은 방법으로 알려진 수직 증축(기존 아파트 꼭대기 위로 두세 개의 층을 더 올리는 리모델링 방법) 사업이 통과된다는 이야기도 나돌았다. 몇 년간 부동산 이론만 파던 나에게도 드디어 첫 투자를 감행할 타이밍이 왔음을 느낄 수 있었다.

여전히 추위가 가시지 않았던 2014년 2월의 어느 날, 퇴근 후 2시간을 달려 분당 구미동의 한 아파트에 도착했다. 남향에 로얄동, 로얄층인데 지난번에 보았던 저층보다 200만 원이 더 저렴했다. 옆에서 부동산 소장님도 덩달아 투자를 부추겼다.

"와, 이 정도면 상태 A급인데요. 수리는 따로 할 필요도 없이 세입자도 바로 들일 수 있겠어요. 요새 거래가 워낙 빨리 되니 오늘이 지나면 바로 팔릴 것 같네요. 이왕 사실 거면 그냥 이걸로 결정하세요."

하지만 부동산 공부를 몇 년이나 해왔는데, 이런 유혹에 바로 넘어갈 내가 아니었다. 신중한 선택을 위해 계속해서 주문을 외우듯 되뇌었다.

'난 흔들리지 않는다. 유혹에 넘어가지 않는다. 그래야 한다.'

그러나 내 마음은 이런 의지와 상관없이 요동치기 시작했다. 그런 나의 속마음을 다 알아챘다는 듯이 소장님은 서명을 부추겼다.

"그럼 150만 원 깎고서 계약 진행하시죠. 여기 이름 쓰시고 도장 주세요. 아, 없다고 하셨죠. 그냥 사인하고 끝냅시다."

그때, 정말 믿을 수 없는 일이 일어났다. 내 손이 어느새 사인을 마친 것이다. 분명 뭐에 홀린 게 확실했다. 태어나서 지금까지 본 적도 없고 모아본 적도 없는 3억 원이라는 거금을 순식간에 계약서 한 장과 맞바꿔버렸다니! 마치 문구점에서 300원짜리 볼펜을 사듯 3억 원짜리 집을 덜컥 사버린 것이다.

집으로 돌아오는 길에 나는 계속해서 현실을 부정했다.

'사인한 건 진짜 내가 아닐 거야. 진짜 내가 아닐 거야…'

82년생 소심이, 쫄보의 첫 투자는 이렇게 다소 황당하게 막을 올렸다. 그러나 지금 돌아보면 결국엔 첫 투자를 감행하기까지 그동안 수 없이 공부하고 조사하며 쌓았던 지식과 정보, 시행착오가 있었기에 그 날 3억 원의 아파트를 얻을 수 있었다고 생각한다.

# 부동산 브리핑으로
# 얼떨결에 하게 된 프러포즈

"아니, 그럼 이 아파트가 프러포즈 선물이란 말이에요?"

소장님이 놀라며 말씀하셨다. 두 번째 아파트 투자를 결심하던 즈음, 당시 1년 정도 교제 중이던 여자 친구에게 결혼 이야기를 했었다. 갑작스러운 이야기에 그녀는 당황스러워 하며 생각할 시간을 달라고 했다. 그런데 그 후로 기다리고 기다려도 그녀로부터 어떤 답변도 오지 않았다. 부담을 주는 것 같아 더 이상 아무 말도 하지 못했지만, 속으로는 애간장이 탔다. 그러던 중 첫 번째로 사두었던 아파트의 시세가 조금씩 오르기 시작했다.

"사람들이 아파트 투자는 이제 끝났다고 하던데, 오빠가 사둔 아파트는 몇백만 원이라도 오르긴 하네? 나도 부동산 추천 좀 해주라."

어느 날 그녀가 내게 농담 반 진담 반으로 이런 말을 툭 던졌다. 나는 이 기회를 놓칠세라 그날부터 곧바로 파워포인트 작업에 들어갔다.

그녀에게 추천할 아파트를 선정해 브리핑을 할 작정이었다.

한 달 후, 그녀에게 봄 소풍을 가자며 제안했다. 그날따라 하늘도 쾌청했다. 그녀도 기분이 좋은지 콧노래를 부르며 즐거워했다. 이즈음 그녀와 용인 수지, 분당 구미동, 서울 동작구 등 여기저기 함께 데이트 겸 아파트 구경을 다녔다. 미리 전화로 방문 예약을 해둔 터라 부동산 소장님이 기다리고 계셨다. 따뜻한 커피 한잔을 대접받고, 가성비가 제일 좋은 두 집만 보기로 했다. 부동산 투자 심리가 꺾인 지 오래라 그런지, 사무실에 있는 내내 손님이 한 명도 오지 않았다. 덕분에 소장님과 맘 편히 도란도란 이야기를 나눌 수 있었다.

"당장은 교통이 좀 불편하겠지만, 성남~여주선 개통하면 신혼부부들이 많이 찾아올 거예요. 잘 생각해보시고 연락주세요."

시계를 보니 이미 세 시간이 지나 있었다. 차를 몰아 급히 본래 목적지였던 한정식집으로 향했다. 늦은 점심을 푸짐하게 먹고, 음식점 앞에 있는 정자에 앉았다. 드디어 나는 노트북을 꺼냈다. 브리핑 타임이 온 것이다. 마치 분양업자라도 된 듯, 그때부터 그녀에게 설명을 늘어놓기 시작했다.

## ⌂ 부동산 공부 덕에 프러포즈에도 성공하다

사실 이곳에 관심을 가지기 시작한 건, 분당 아파트에 투자하기 전부터였다. '성남~여주선'은 그동안 교통 소외 지역이었던 경기도 여주, 광주에 내린 단비 같은 노선이었다. 나는 정거장 하나하나를 살펴보며 어느 곳에 역사가 생기는지, 주변 아파트와의 거리는 얼마나 되는지 알아보았다. 하지만 아무리 검색을 해도 제대로 된 정보가 나오지 않았다. 심지어 같은 지하철 역사인데도 정보에 따라 그 위치가 2킬로미터까지 차이가 났다. 그 정도면 도보 30분 이상 차이가 나는 거리였다. 안 되겠다 싶어 지하철이 지나는 지역의 시청과 구청에 민원을 넣었고, 덕분에 정확한 역사의 위치를 알아낼 수 있었다.

그다음 실제로 그곳을 돌아다니며 분위기를 살폈는데, 지하철 호재가 반영되지 않아 여전히 가격에 변동이 없는 곳들도 있었다. 입지 면에서는 불리한 곳이었지만, 신기하게도 다른 역 인근 아파트값이 수천만 원씩 올라 있는 데 반해 이 두 곳은 여전히 가격이 그대로였다.

'없던 지하철이 생기는데, 그것도 업무 중심지인 분당 판교랑 연결이 되는데 어떻게 가격이 꼼짝도 하지 않을 수가 있지? 그래도 이 정도 가격이면 더 이상 떨어지지는 않을 것 같은데.'

그렇게 최종 후보지로 쌍동역(현재 초월역)과 삼동역 두 곳으로 압축시키자 고민은 나날이 깊어져갔다. 그때는 얼떨결에 첫 투자를 감행한 지 1년도 채 되지 않는 시점이었다. 그 말은 추가로 한 채를 더 매수하면 1세대 1주택 비과세 혜택이 사라진다는 의미였다. 그리고 그렇게 고민하고 있는 사이 쌍동역 인근의 아파트 가격마저 3,000만 원이 쑥 상승했고, 내 마음도 같이 다급해졌다. 그때 마침, 머릿속을 스친 문구가 있었다.

'혼인으로 인한 1세대 2주택은 5년 내 양도 시 비과세다.'

여자 친구의 명의로 집을 구하면 만에 하나 결혼을 하지 못한다 해도 각자 1세대 1주택 비과세가 되고, 결혼을 한다 해도 비과세 혜택을 유지할 수 있으니 이러나저러나 나쁘지 않은 선택이라 생각했다. 이런 결론을 내리고, 그녀와의 봄 소풍을 급하게 계획했던 것이다.

브리핑이 끝나고, 긴장된 마음으로 여자 친구의 반응을 기다리고 있었다. 멀뚱멀뚱 나를 쳐다보던 그녀가 마침내 입을 열었다.

"와! 이런 자료는 언제 준비한 거야? 지난번 아파트도 그냥 투자한 건 아닌가 보네. 오빠랑 결혼할 여자는 평생 집 걱정은 없겠다!"

이때를 놓칠 수는 없었다.

"그럼 너가 나한테 시집오면 되잖아. 이 집 너 명의로 사줄게. 그리고 이 집도 너도 내가 책임질게."

그렇게 얼떨결에 아파트 브리핑을 시작으로 프러포즈까지 하게 되었다. 그리고 지금 나는 그녀와 함께 한 집에서 알콩달콩 살고 있다.

# 시간 없는 직장인을 위한
# 힐링 임장 4단계

손품 투자에 이어 발품 투자, 즉 임장을 가야 하는 이유는 실제로 현장에 가보면 예상하지 못했던 변수들을 발견할 수 있기 때문이다.

나 역시 네이버 지도에서 검색했을 때는 집이 분명 지하철역에서부터 도보 20분 거리에 있었는데, 알고 보니 샛길이 있어 도보 10분이면 가능했던 적도 있다. 또, 왜 가격이 싼지 이해가 잘 안되었는데 알고 보니 큰 대로변에 붙어 있어 소음이 어마어마했을 뿐 아니라, 베란다에서 창문을 열자 맞은편에 장례식장이 눈에 들어온 적도 있었다.

한 아파트는 단지 내 경사가 가팔라서 유모차를 몰고 가는 아기 엄마가 땀을 뻘뻘 흘리고 있었다. 평지에 위치한 동과 언덕에 위치한 동은 (설사 같은 평형, 같은 층, 같은 향의 집이라도) 가격 차이가 나야 한다. 하지만 부동산 중개업소에서는 쉽게 이런 문제점들을 이야기하지 않고, 무조건 급매로 나온 물건이니 돈부터 보내라고 말한다. 계약금을 내고 나서 이러한 사실들을 알아봐야 이미 엎지른 물일 뿐이다.

여기서는 그동안 여러 강의를 듣고 여러 책을 읽으면서 얻은 엑기스를 조합해 만든 '힐링 임장 4단계'를 소개하겠다. 바쁜 직장인들이 시간을 낸다는 건 쉽지 않지만 임장이라는 딱딱한 단어에 부담 갖지 말고, 새롭고 낯선 동네에 가서 혼자 가볍게 여행하고 온다는 생각으로 발품을 팔아보자. 어차피 가야 할 임장이라면 힐링한다고 생각하고 즐기도록 하자. 부동산 임장도 하고, 혼자 여행도 하고 일석이조 아닌가!

### 힐링 임장 4단계

**1단계 힐링 임장 데이 설정** 우선 자신의 상황에 맞게 정기적으로 임장을 갈 수 있는 요일을 정한다. 나의 경우 '매달 첫째 주, 셋째 주 토요일은 힐링 임장 가는 날'로 정했다. 35도 폭염에도, 영하 15도 강추위에도 임장을 다녔다. '뭔 부귀영화를 누리려고 그렇게까지 고생을 하냐'고 하는 지인들도 있었지만, 나 혼자만의 걷기 여행이라 생각하니 오히려 설레기까지 했다. 무더운 날이면 한 손에 아이스커피를 들고 홀로 생소한 거리를 돌아다녔다. 땀으로 흠뻑 젖으면 인근 사우나에도 들렀다. 추운 날에는 따뜻한 커피숍에 들러 몸도 녹이고 여유롭게 책을 읽기도 했다.

또, 마치 그 동네 주민인 양 동네 사람들이 다니는 동선을 따라 버스 정류장, 지하철, 마트, 재래시장을 다녀보았다. 그리고 언젠가 투자하게 될지도 모르는 인근 아파트 단지도 구경했다. 아이들이 차 걱정 없이 놀이터에서 잘 뛰어놀고 있는지, 아기 엄마들이 유모차를 끌고 여기저기 편하게 다니고 있는지, 밤늦은 시간에도 안전하게 차를 댈 수 있는 주차장이 있는지 등을 확인했다. 이 과정을 통해 지도를 보고 상상하던 모습과 직접 가서 느껴본 현장은 확연히 다르다는 것을 느낄 수 있었다.

만약 부부라면 처음에는 한 달에 두 번 정도 가는 걸로 정하고, 배우자에게 허락을 구하자. 아무리 가정을 위하는 공부라 해도 배우자의 동의 없는 공부는 결국 동력을 잃게 된다. 공부 전 허락은 필수다.

나도 아내에게 일단 허락을 받아두니, 그녀도 첫째, 셋째 주 토요일이 되면 내가 집에 없다는 사실을 알고 있었다. 그러니 아내도 내가 주말에 나간다고 투덜대지 않았다. '오늘은 그냥 임장 가지 말까?' 하는 마음이 굴뚝같았던 날에는 오히려 아내가 "오빠, 오늘 임장 가는 날 아니야? 안 가고 뭐해?"라며 등을 떠밀기도 했다. 그러다 보니 어느 순간 임장도 습관이 되어버렸다. 이렇게 날짜와 요일을 못 박아두는 편이 여러모로 낫다.

**2단계 '에버노트'에 임장 일기 작성** 사진을 남기는 건 훗날을 위해서이기도 하지만, 사실 사진을 찍는 일 자체가 즐겁기 때문이기도 하다. 음식 사진을 찍다 보면 더 먹고 싶고, 멋진 풍경도 찍다 보면 그곳을 더 가슴 깊이 품고 싶게 된다. 임장을 할 때도 동선을 따라 여기저기 사진을 찍고, 그때그때의 느낌을 사진과 함께 기록해두면 즐거움이 배가 된다. 참고로 비행기 소음, 철도 소음과 같이 사진으로 남기기 어려운 기록은 녹음을 해두면 유용하다. 이렇게 만든 음성 기록으로 다른 지

범계역 상권 – 젊은 상권. 유흥업소는 거의 보이지 않음

그런데, 아파트 단지로 가는 길 중간에 유흥가 있음. 지난번 평촌역에 비하며 작은 편

1단지와 9단지 사이 수풀 우거짐. 새소리 쾌적한 동선. 지도에서 회색으로 표시된 궁금했던 부분 알고 보니 테니스장

돈보코공원 사람 하나도 없음. 구석진 곳이라 밤에는 위험해 보임. 방범 cctv 있음. 공원 옆 아파트 출입문 막혀 있음. 9단지와 8단지 아파트 사잇길로 연결 안 됨

역의 소음과 비교할 수 있다면 금상첨화다.

이런 것들을 가능하게 해주는 앱이 '에버노트'다. 단, 에버노트는 하루에 사용할 수 있는 용량이 제한되어 있으므로, 처음부터 유료로 전환하는 게 꺼려지면 저용량 사진으로 저장할 수 있는 카메라 어플을 사용하길 권한다.

### 3단계 나만의 정보 최적화하기

**1) 마스터 지도** 임장을 다녀온 후 조사한 내용을 바로 정리하지 않으면 점점 귀찮아진다. 따라서 임장 후 늦어도 이틀 안에는 정리를 해둬야 훗날 유용하게 활용할 수 있다. 나의 경우, 시세를 표시해둔 지도에 아파트 단지별로 분석했던 내용들을 적어둔다. 이때 여러 페이지에 나눠서 정리하면 다시 보기가 힘들기 때문에 한 장으로 압축해서 정리한다. 따로 정리하는 세부 내용은 다음과 같다.

**임장 후 기록해놓으면 좋은 세부 내용들**

인근 아파트의 시세, 부동산에서 들은 내용, 온라인 카페를 통해 알게 된 실거주자들의 이야기, 전세 가격을 좌우하는 공급량, 다른 지역과의 비교시세표, 중심업무지구에서부터 걸리는 시간 등

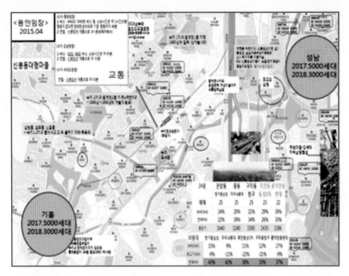

▲ 마스터 지도 예시. 임장 후에 기억해야 하는 세부 내용들을 한 장에 정리하면 후에도 한눈에 볼 수 있어 편리하다. 앞에서도 밝혔듯이 네이버 지도를 캡처한 후 파워포인트 프로그램을 활용하여 수작업으로 세부 내용을 삽입한다.

　　**2) 전매비교표**　임장 마스터 지도가 내가 방문했던 지역을 표시한 데이터라면, 전매비교표는 여러 지역의 매매 가격과 전세 가격을 한눈에 볼 수 있는 표다.

　　전매비교표를 통해 우리는 각 지역이 현재의 가격이 최고가 대비 몇 퍼센트 떨어진 상태인지, 최저가 대비 몇 퍼센트가 오른 상태인지, 전세 가격 상승률이 매매 가격 상승률에 비해 얼마큼인지 등을 비교해볼 수 있다.

| | 평촌4차 | 평촌대림 | 평촌대우 | 향기금신성 | 미리내롯데 | 죽전동성차 | 구미동청구 | 동익센트하대 | 수내산성 | 이매성상 | 백두한양 | 광장3단지 | 상동한양 |
|---|---|---|---|---|---|---|---|---|---|---|---|---|---|
| 매매 | 32평 | 32 | 33 | 32 | 32 | 33 | 33 | 31 | 32 | 32 | 36 | 32 | 35 |
| 바닥 | 48000 | 41500 | 41000 | 40000 | 34000 | 34750 | 44500 | 33125 | 51500 | 54000 | 37500 | 62000 | 41500 |
| 최고가 | 64000 | 61750 | 60000 | 50500 | 41500 | 49500 | 63000 | 46000 | 72000 | 74000 | 54000 | 71000 | 50000 |
| K 2013.01 | 50000 | 43500 | 43000 | 40000 | 35750 | 35750 | 46500 | 33125 | 51500 | 55500 | 39500 | 65500 | 43000 |
| B 2014.01 | 49750 | 43750 | 42500 | 41000 | 34000 | 35250 | 47500 | 33375 | 53750 | 54750 | 37500 | 62000 | 41500 |
| 2015.01 | 52000 | 47250 | 45500 | 42000 | 34500 | 37000 | 49000 | 39750 | 58000 | 58000 | 38000 | 65500 | 43000 |
| 2016 | 54000 | 51000 | 48500 | 46500 | 37000 | 37750 | 51000 | 40750 | 60000 | 61500 | 40500 | 69500 | 44500 |
| 실매물(네이버) | 55000 | 53000 | 50000 | 46000 | 37000 | 38500 | 50000 | 42000 | 60000 | 60000 | 41000 | 72500 | 47000 |
| (2013 대비) | 10% | 22% | 16% | 15% | 3% | 8% | 8% | 27% | 17% | 8% | 4% | 11% | 9% |
| (바닥 대비) | 15% | 28% | 22% | 15% | 9% | 11% | 12% | 27% | 17% | 11% | 9% | 17% | 13% |
| (최고가 대비) | -14% | -14% | -17% | -9% | -11% | -22% | -21% | -9% | -17% | -19% | -24% | 2% | -6% |
| 전세 %자 | 49% | 35% | 44% | 43% | 42% | 38% | 33% | 37% | 43% | 44% | 38% | 41% | 50% |
| 전세 | | | | | | | | | | | | | |
| 2013.01 | 27500 | 26500 | 26500 | 24000 | 19500 | 22250 | 26750 | 20125 | 33500 | 31500 | 24500 | 38000 | 24500 |
| 2014.01 | 35500 | 30500 | 32500 | 28000 | 23000 | 27250 | 33500 | 25750 | 38500 | 38000 | 27500 | 43500 | 28500 |
| 2015.01 | 39000 | 36000 | 36000 | 31500 | 25500 | 28750 | 34000 | 28250 | 41500 | 40500 | 29750 | 48500 | 32000 |
| 2016 | 44000 | 43000 | 41500 | 39900 | 30250 | 34000 | 40000 | 33500 | 51500 | 47500 | 35500 | 58000 | 35000 |
| 실매물 | 45000 | 43000 | 44000 | 38000 | 29500 | 33000 | 39000 | 33000 | 53500 | 49000 | 36000 | 60000 | 40000 |
| 전세 상승률 | 64% | 62% | 66% | 58% | 51% | 48% | 46% | 64% | 60% | 56% | 47% | 58% | 63% |

▲ 전매비교표 예시. 이 표를 보면 '최고가 대비 지금은 30퍼센트나 떨어진 상태구나. 입지가 좀 더 좋은 분당이 최고가를 갱신했으니, 이곳도 머지않아 최고가에 근접할 수도 있겠구나.' 하는 식으로 시야를 넓힐 수 있다.

**4단계 네이버 실시간 매물로 기회 노리기** 실제 투자할 아파트를 10개 정도 찜해두고, 네이버에서 '실시간 매물'을 시시각각 주시한다. 이때 시간을 절약하는 가장 좋은 방법은 '북마크 기능'이다. 이 기능을 활용하면 지역명, 단지명, 아파트명을 일일이 눌러가며 번거롭게 확인할 필요가 없다. 이렇게 원하는 매물 정보를 수집하고 있다가 싼 가격에 좋은 아파트가 나오면 바로 부동산 중개업소에 전화해서 물어본다. 좋은 매물이 나올 때까지 부동산 사무실에 앉아 하염없이 기다릴 수도 없는 노릇이고, 그렇다고 매번 부동산에 전화해서 급매가 있는지

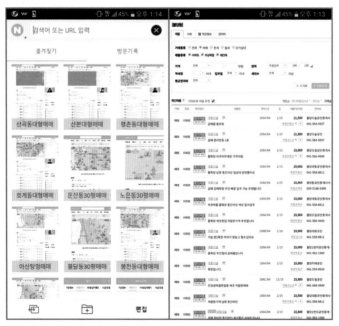

▲ '네이버 부동산'을 활용해 실시간으로 매물을 확인한다. 단, 모바일로 확인 시 PC버전으로 설정해야 위와 같은 화면으로 볼 수 있다.

물어볼 수도 없지 않은가.

단, 부동산에서 따로 빼둔 매물이 있을 수 있으니 해당 중개업소에 어느 정도의 가격이면 바로 계약금을 보낼 수 있는지 미리 귀띔해두는 게 좋다.

# 절대 안 빠질 것 같은 방도
# 포기하지 말자

"소장님, 이거 천장 내려앉은 거 아니에요? 여기 보세요. 천장이 휘어져 있는데요?"

불안한 마음에 곧바로 위로 올라가보니 역시나 옥상 상태가 말이 아니었다. 쓰레기 더미가 쌓여 있고, 물이 고여 썩은 내가 진동했다. 여름에 장마라도 오면 천장이 무너질 수도 있을 것 같았다.

"이래서 제가 직접 확인하러 온다고 했잖아요."

이 일을 설명하기 위해서는 두 달 전으로 거슬러 올라가야 한다. 투자한 아파트가 이미 두 채가 되니 이런 생각이 들었다.

'부동산에 아파트만 있는 것도 아니고, 빌라, 상가, 원룸, 오피스텔도 있는데 다른 분야에 한번 도전해볼까?'

나는 그중에서도 특히 도시재생 사업에 관심이 많았다. 서울, 경기, 인천의 노후화된 동네들을 언제까지나 방치하지는 않을 테고, 사업성만 보장되면 뉴타운, 재건축, 재개발이 추진될 것 같았다. 7~8년 전 부동산 상승기에는 그러한 기대감만으로 용산 반지하 빌라의 대지 지분이 평당 5,000만 원까지 올라갔다고 했다. 비록 부동산 하락기가 오면서 기대감과 가격이 동시에 곤두박질치긴 했지만, 또다시 부동산 상승기가 오면 가격이 반등할 거라 생각했다.

나는 먼저 서울의 재개발 지역을 돌아다녔다. 성수 전략정비구역, 한남 뉴타운, 장위 뉴타운, 서초 재개발 지역 등 도시재생 사업은 서울만 해도 흘러넘쳤다. 역시나 문제는 자금이었다. 투자금이 최소 1억 원가까이 필요했던 것이다. 아파트 투자를 하고 나서 남은 자금도 많지 않았으니 이 정도 투자금을 쓴다는 건 내게 상당히 큰 리스크였다.

결국 뱁새가 황새 따라가다 가랑이가 찢어지느니 다른 지역으로 눈길을 돌리는 게 낫다고 생각했고, 그렇게 내 눈에 들어온 곳이 인천이었다. 인천은 여전히 2,000만 원 정도면 재개발 지역의 빌라 투자가 가능했다. 특히나 내가 관심을 가졌던 지역은 2007년 재개발 광풍이 불었을 당시 인천에서 가장 핫한 곳으로 알려진 동네였다. 두 개의 지하철 노선이 새로 개통을 앞두고 있었고, 그중 하나는 서울 강남과 연결되는 노선이었다.

빌라 투자는 개인적으로 선호하지 않았기에 더 꼼꼼히 분석을 했다. 그렇게 최종적으로 추린 지역은 재개발 구역의 바로 맞은편 상업지구였다. 재개발 구역의 아파트가 완공되면 높은 용적률(대지 면적에 대한 건물 연면적 비율로, 건축물에 의한 토지의 이용도를 보여주는 기준이 됨)을 자랑하는 상업 지구 내 땅이 빛을 보지 않을까 기대했던 것이다. 결론적으로 현재 매매가에 나의 투자금 정도면 후회하지 않을 거라 판단해 투자를 결심했다.

"소장님, 상업 지구에 구옥 빌라가 나오면 꼭 연락주세요!"

그 지역 일대 부동산 여기저기 연락을 해두었지만 막상 투자를 하려고 기다리니, 원하는 매물이 나오지 않았다. 돌아오는 말은 매번 다음과 같았다.

"요새 팔려고 내놓은 집도 다시 거둬들이는 상황이에요. 물건이 없네요."

## 🏠 어설픈 자신감과 조급함의 조합

그로부터 한 달이 지났을 무렵, 소장님으로부터 연락이 왔다.

"사장님, 오늘 아침에 따끈따끈한 물건이 나왔어요. 이거 빨리 계약금부터 입금하셔야 돼요."

이제 몇 번의 투자를 통해 더 이상 조급해하지 않을 만큼 성장해 있었기에 이렇게 대꾸했다.

"에이, 집도 안 봤는데 어떻게 계약금을 보내요. 오늘 저녁에 퇴근하고 찾아갈게요."

그런데 소장님이 "그럼, 늦을 텐데 알아서 하세요. 이런 오래된 빌라를 누가 집 보고 사요? 잘 모르시네요." 하고 전화를 뚝 끊어버리는 게 아닌가.

퇴근 시간이 되어 급히 나갈 준비를 하고 있는데 이번에는 문자가 왔다. 집이 이미 계약됐으니 올 필요가 없다는 내용이었다.

'이런, 이게 나온 지 2시간도 안 됐는데 그새 팔렸단 말야? 기회가 왔을 때 잡았어야 했는데.'

그렇게 일주일, 이주일이 지나도록 부동산에서는 연락 한 통 없었다. 중간중간 전화를 해봐도 그 지역에는 나온 물건이 하나도 없다는 말만 되돌아왔다.

그러다 빌라 투자에 대해서는 거의 포기하고 있을 즈음, 소장님으로부터 다급하게 연락이 와 퇴근 후 간다고 답변을 했다. 그런데 한 시간쯤 또 이런 문자가 왔다.

'오실 필요 없습니다. 계약됐습니다.'

두 번이나 무산되고 나니 이제는 소장님이 매번 해주신 말씀이 일리가 있다는 생각이 들었다.

"어차피 20년이나 된 오래된 빌라인데, 대지 지분 보고 사는 거 아니에요? 굳이 집 봐서 뭐해요? 그냥 200~300만 원 들이고 수리해서 월세 어느 정도 받다가 재개발 이슈 터졌을 때 팔면 되는 거죠. 그게 여기 투자 방식이에요."

한 번 더 연락이 오면 이번에는 절대 놓치지 않겠다는 각오와 함께 또 한 달의 시간이 흘렀다. 어느 날 소장님께 또 전화가 왔다.

"내부도 살펴봤는데 특별한 이상도 없고, 이만하면 세놓는 데는 이상 없을 겁니다. 일단 계약금부터 쏘세요."

나는 휴대전화로 로드뷰만 확인하고 계약금을 송금했다. 주말에 가서 집 내부를 확인하겠다고 했더니 집주인이 잔금을 치르기 전에는 바쁘기도 하고 내부를 보면 돈을 더 깎아 달라고 할 수 있다며 잔금을 치르기 전에는 보여줄 수 없다고 했단다. 중간에서 부동산 소장님도 난감해하는 것 같아 잔금을 낸 후 집을 보기로 했다. 찝찝하긴 했지만 당시 결혼 준비로 인해 눈코 뜰 새 없이 바쁘기도 했고, 이미 계약이 진행되었는데 봐서 뭐하나 싶기도 했다.

드디어 잔금을 치르고 집을 보러 가는 날이 왔다. 그런데 내가 계약한 집은 길가에 있는 게 아니라, 차 한 대도 들어가지 못하는 좁은 골목에 있었다. 불길한 예감에 소장님이 보내준 문자 주소를 다시 찾아보았다.

'○○빌라 제나 동 301호.'

지금까지 '제나'라는 빌라인 줄 알았는데 그것은 영어 이름이 아니라 가, 나, 다 할 때의 제 '나' 동이었다. 길가(가 동)와 골목 안쪽(나동) 빌라의 가격은 1,000만 원 정도는 차이가 날 듯 했다. 그러나 이건 시작에 불과했다. 빌라로 들어가는 현관의 유리가 다 깨져 있는 게 아닌가.

"소장님, 여기 사람이 살긴 하나요? 귀신 나올 것 같은데요."

그러자 소장님은 웃으며 재개발 지역 빌라는 원래 이러니 걱정 말라고 하셨다. 그러나 301호 문을 열고 구석구석 살피는 동안 내 마음구석구석에서도 화가 치밀어 올랐다.

'이래서 집을 미리 보지 말라고 했던 건가?'

## 🏠 공실 탈출 프로젝트

소장님도 미안해하며 옥상 방수 페인트는 지인에게 부탁해서 무료로 해주고, 내부 인테리어는 아는 사장님께 부탁해서 최대한 저렴하고 꼼꼼하게 해주겠다고 하셨다. 소장님께 하자담보책임(매매 등의 유상계약에 있어 목적물 자체에 숨은 하자가 있는 경우 매도인이 매수인에 대해 지는 책임)에 대해 말해보기도 했지만, 그마저도 쉬운 일이 아니었다.

결국 내부 인테리어는 어찌어찌 웬만큼 완성되어 이제 세입자만 들이면 될 차례였다. 그러나 기다리고 또 기다려도 계약한다는 세입자는 없었다. 나는 결혼을 한 달 앞두고 있던 터라 도저히 안 되겠다 싶어 다른 방안을 찾아보았다.

'몇백만 원 들여서 새시를 몽땅 새로 해야 하나? 아니면 싱크대를 대리석으로 깔아야 하나? 아니다, 배보다 배꼽이 더 커지겠어.'

그러나 공실이 몇 달간 지속되니 불안해서 잠도 제대로 자지 못했다. 이러다 몇 년간 공실이 되어버리는 건 아닐지 겁이 덜컥 났다. 월세 30만 원이면 1년간 못 받아도 360만 원인데, 가슴이 답답했다.

어느 날 부동산 스터디를 함께하는 지인에게 이 상황을 털어놓자 그가 나를 위로하며 이렇게 말했다.

"'공실 탈출 프로젝트'라 명하고 이왕 하는 거 재미있게 해봐요."

이 한마디에 다시 한 번 오기를 갖고 꼭 이 상황을 탈피하리라 마음을 단단히 먹었다.

'그래, 이게 내가 원하던 바 아닌가? 그냥 이 과정을 즐겨보자.'

### 석남동 올수리 화이트 깔끔!!

| 보증금 | 300만원 | 방구조 | 쓰리룸+ |
|--------|---------|--------|---------|
| 월세 | 30만원 | 건물 형태 | 다세대/다가구 |
| 공실번호 | 725825 | 해당 층 / 건물 층 | 3층 / 3층 |

▲ 공실 탈출 프로젝트를 통해 깔끔하게 변신한 인천 빌라. 아래는 부동산 중개 어플에 올린 사진이다.

그날부터 즉각 공실 탈출 프로젝트에 돌입했다. 휴대전화에 디데이를 표시하고 하나하나 일기를 쓰듯 그 과정을 기록해나갔다. 그러고 나니 마음이 훨씬 편해졌다. 중고 냉장고, 중고 세탁기를 사서 설치했고, 싱크대, 문틀, 욕실 등에 시트지를 발라 한층 밝게 만들었다. 그러자 귀신의 집 같았던 그곳이 아늑한 보금자리로 보이기 시작했다. 작업이 다 끝난 후에는 내부 사진을 찍어, 네이버 카페 '피터팬의 좋은 방 구하기'와 어플 '직방'에 매물 정보를 상세히 올렸다.

인근 부동산 중개업소를 마구 검색하여 약 서른 군데에 내놓았는데, 놀랍게도 효과가 나타났다. 당장 계약하겠다는 사람은 없었지만, 집을 직접 보고 싶어 하는 사람이 늘었던 것이다. 나는 일부러 최소 두 팀이 되었을 때 함께 집을 보여줬다. 나 말고도 이 집을 찾는 사람이 여럿 있구나 생각하면 은근 경쟁심이 들게 마련이니까. 그건 부동산을 매수하면서 내가 늘 느끼던 조바심이기도 했다.

그리고 마침내 그렇게 나를 괴롭게 했던 인천 빌라는 신혼여행 중 공실에서 탈출하게 되었다.


## 🏠 부자들은 왜 오래된 빌라에 투자할까

한국인들의 아파트 사랑은 유별나다. 같은 가격으로 신축 빌라와 신축 아파트를 선택하라고 한다면, 대부분 신축 아파트를 선택한다.

아파트의 편리함을 잘 알기 때문이다. 요즘 새로 짓는 아파트를 보면, 식물원을 방불케 하는 단지 내 조경을 비롯하여 저렴한 피트니스 센터, 프랜차이즈 커피숍, 독서실, 수영장, 어린이집 등이 대부분 갖춰져 있어 멀리 가지 않고도 이 모든 인프라를 누릴 수 있다. 그러다 보니 "어디 살아요?"라는 질문에 굳이 "저는 반포동 래미안에 살아요."라고 아파트 이름을 밝히면서 대답하기도 한다. 그만큼 아파트는 한국의 주거 유형 중 '큰 형님'으로 통한다.

그러나 큰 형님의 공급 부족이 지속되면 '작은 형님'의 인기가 반짝 찾아온다. 그때부터 신축 빌라 전성시대가 열린다. 아파트의 공급은 분양 이후 최소 3년이 걸린다. 그 사이에 공급 부족이 지속되면 신혼부부들은 비싼 아파트 전세를 피해 신축 빌라에 전세로 들어가는 것을 선호한다. 그때 빌라의 전세 가격과 매매 가격 차이가 미미하면 집을 사기도 한다.

문제는 신축 빌라의 경우, 공급량이 순식간에 늘어날 수 있다는 점이다. 빠르면 4개월 만에 빌라 건물 한 채가 완성되기도 한다. 다시 말해, 빌라를 매매한 시점에는 보이지도 않던 다른 빌라들이 2년만 지나도 우후죽순 늘어날 수 있다는 뜻이다. 이렇게 공급이 늘어나면 자연스레 가격은 떨어진다. 그러다 보니 신축으로 대접받던 빌라도 몇 년만 지나면 오래된 아파트만도 못한 신세가 되기도 한다. 이처럼 신축 빌라의 인기는 아파트에 비해 상대적으로 너무나 짧다. 또한, 신축 빌라에는 새 건물이라는 프리미엄이 가격에 포함되어 있기에, 상대적으로 가격도 비싼 편이다.

반면 구축 빌라의 가격은 다른 이슈가 없다면 자연스럽게 떨어지고 토지에 대한 가격만 남는다. 그래서 오래된 반지하 빌라의 매매 가격은 2,000~3,000만 원까지 떨어지기도 한다. 그런데 이런 구축 빌라의 가격이 어느 순간 훨훨 날아 오를 때가 있다. 바로 재개발 이슈가 터졌을 때다.

재개발 사업은 깨끗한 새 집이 많은 곳이 아니라, 다 쓰러져가는 오래된 빌라가 모여 있는 곳에서 진행된다. 재개발로 인해 오래된 빌라가 새 아파트 단지, 새로운 건물로 변모할 거라는 기대감이 커지면 구축 빌라의 가치는 그제야 빛을 발하게 된다. 즉, 이 기대감은 부동산 침체기보다 부동산 상승기에 크게 작동된다.

지인이 매수했던 한남동의 빌라는 지은 지 30년이 되던 해인 2013년 당시 매매가가 4억 원(전세 5,000만 원)이었는데 5년이 지난 2018년에는 10억 원까지 올랐다. 실거주 가치를 반영하는 전세 가격은 5년 전이나 지금이나 같지만, 미래에 대한 기대감으로 인해 매매 가격은 6억 원이나 오른 것이다.

내가 직접 거주할 집이라면 구태여 30년 지난 오래된 빌라에 거주할 이유가 없다. 하지만, 투자 대상으로 생각했을 때는 아무리 허름하고 낡아빠진 집이라도 이면에 숨어 있는 미래의 프리미엄까지 꿰뚫어볼 안목을 가져야 한다. 초보자들은 신축 빌라에, 부자들은 오래된 빌라에 투자하는 이유가 바로 여기에 있다.

# 초보 투자자일수록 조심해야 하는 조급증 극복 노하우

초보 운전자는 극도로 조심하기 때문에 큰 사고를 내는 일이 거의 없다. 오히려 어설픈 자신감으로 가득 찬 3~5년차 운전자가 가장 위험하다고들 한다. 마찬가지로 많은 시간 부동산 공부를 했고, 여러 채에 투자까지 감행하자 나도 모르는 사이에 자신감이 자만심으로 바뀌어 있었다.

이 사실을 인지한 후부터 나는 더더욱 신중해지기 위해 매수하기 전 나만의 원칙 세 가지를 정했다.

1. 투자 전, 최소 세 번은 그 지역을 방문한다.

2. 내가 산 부동산과 같은 가격의 매물이 하나 더 나온다 해도
   흔들리지 않을 만큼 매력적인 가격에 거래한다.

3. 아무리 급급매라도 내 눈으로 직접 그 집 내부를 확인하고 거래한다.

## '한 달 기다림 법칙'만 지켜도 후회는 없다

특히 초보 투자자일 때는 '금사빠'('금방 사랑에 빠지는 사람'을 지칭하는 신조어)가 되지 않도록 조심해야 한다. 초보는 여러 물건을 상세히 보지도 않고 "이건 꼭 사야 돼." 하며 급하게 매매를 해버리는 일이 많다. 알고 보면 급매가 아님에도 부동산 소장님 한마디에 마음이 갈대처럼 흔들린다. 실제 지인 중에도 소장님의 말에 뒤도 안 돌아보고 시원하게 질렀다가 뼈저리게 후회하는 경우가 종종 있었다.

나도 마찬가지였다. 옆에 사람들이 아무리 말려도 '이건 나만 알고 있는 금싸라기 아파트'라 믿으며 검색한 지 일주일도 안 되어 사고 싶어 안달이 난 적이 많았다. 금사빠가 되는 순간, 이성은 말을 듣지 않는다. 나 역시 앞서 밝혔듯이 다시는 이 가격에 나올 리 없다며, 집도 보지 않고 인천의 빌라를 덜컥 계약하지 않았던가. 하지만 그 뒤로 더 좋은 물건들은 계속해서 나왔고, 사자마자 가격이 폭등할 거라 예상했던 분위기는 곧바로 잠잠해졌다.

이럴 때 꼭 기억해야 하는 것이 바로 '한 달 기다림'이다. 여기서 말하는 '한 달'이란, 당장 꼭 사야 한다고 생각되는 물건을 알고 나서 한 달 뒤를 말한다. 그 한 달이라는 시간이 흐르는 동안 무척이나 초조할지도 모른다. 하지만 지난날을 돌아보면 급하게 사지 않았던 것에 안도의 한숨을 내쉬는 일이 훨씬 많았다.

한 달이라는 시간이 주어지면, 그때부터는 자연스럽게 객관성을 유지하려 하게 된다. 즉, 가까운 지인에게 물어보기도 하고, 전문가들의 조언을 구하기도 하고, 인터넷 떠돌아다니는 정보 등을 끌어모으게 된다. 그렇게 충분히 알아본 후에도 그 물건이 정말 괜찮다고 느껴지면 즉시 매수할 수 있게 실시간 모니터링을 한다. 물론 그 기다림의 시간 동안 다른 사람이 채갈 수도 있고 '그때 살걸. 이제 그 가격에는 나오지도 않네.' 하며 후회할지도 모른다.

하지만 세상에 좋은 투자처는 무수히 많다. 나도 급급매 가격이라 여겼다가 한 달이 지나고 보니 비싼 가격임을 알았던 적도 있고, 지인이 산 부동산을 보고 가성비 최고의 투자라며 부러워했던 투자가 얼마 후 최악의 판단이었음을 깨닫기도 했다. 그러니 더도 말고 덜도 말고 '한 달 기다림'으로 투자 조급증에서 벗어나도록 하자.

# 수도권 바겐세일
# '소액 투자 전성시대'

2015년이 되자 여기저기서 부동산 시대가 다시 열렸다며 숨어 있던 투자 군단들이 쏟아져 나왔다. 2014년 하반기에 새로 개설된 한 온라인 부동산 카페는 수십 명의 회원으로 시작해 1년 만에 1만 명 가까이 가입을 했고, 2015년 말에는 7만 명이 되었다. 당시 부동산에 대한 사람들의 관심은 가히 폭발적이었다. 불과 1~2년 전만 해도 상상할 수 없는 분위기였다.

2015년 부동산 투자의 핫 키워드는 '소형 아파트'였다. 사람들은 너나 할 것 없이 소형 아파트를 찾아다녔고, 30평대가 넘어가는 아파트에 투자하는 사람은 바보라는 소리가 나돌 정도였다.

"어디에 투자하셨어요? 저는 산본 21평짜리 아파트에 투자했어요. 투자금도 1,500만 원밖에 안 들었고요."

"우와, 대단하시네요. 저는 행신동 17평짜리 아파트에 투자했는데 사자마자 가격이 오르는 소리가 들려요.”

당시 부동산 투자를 했던 사람들은 하나같이 소형 아파트에 대한 이야기만 했다. 나도 투자를 하고 싶었지만 그새 소형 아파트 가격이 몇천만 원씩 오른 것을 보니 이미 늦었다는 생각이 들었다. 평당가 역시 소형 아파트가 중대형 아파트를 역전하기 시작했다. '소문난 잔치에 먹을 게 없다'는 말처럼, 나도 이 소문난 장터에서 얼른 다른 곳으로 눈을 돌리고 싶었다.

## 🏠 남들이 소형 아파트에 집중할 때 30평대 아파트에 집중했던 이유

사실 분당에 첫 투자를 했던 시기에도 부동산 경기는 불안했다. 그때도 나는 '전세 가격이 오르면 결국 매매 가격도 오를 거야. 남들이 다 안 한다고 할 때 투자하자. 설마 가격이 더 떨어지기야 하겠어.'라는 마음으로 투자를 했다. 모두가 소형 아파트에 주목할 때도 비슷한 생각을 했다.

'이미 가격이 많이 오른 소형 아파트에 뒤늦게 투자하느니, 차라리 앞으로 가격이 더 떨어지지 않을 것 같은 30평대 아파트에 투자하는 건 어떨까?'

하지만 막상 마음을 먹고도 실행은 잘되지 않았다. 원래도 소심쟁이, 쫄보인 데다 혼자만 다른 생각을 한다는 게 맘이 편할 리는 없었다.

결국 불안감을 잠재우기 위해 나만의 기준을 세워보기로 했다.

---

1. 30평대 이상의 아파트를 선호하는 사람은 누구일까? 가족 구성원은 대개 서너 명으로, 즉 아이들이 있는 가정이어야 한다. 아이들이 있는 가정은 학군을 고려하지 않을 수 없다. 학군 지역은 실수요자들이 가격 하락의 버팀목이 되어준다.

2. 입지가 보장되는 1기 신도시 내에서 찾자. 그러면 적어도 손해를 보지는 않을 것이다.

3. 전세가율이 상승하고 있는 곳이어야 한다. 즉, 단순히 전세가율이 높은 곳이 아니라, 전세가율이 오르고 있는 곳을 말한다. 그래야 전세가가 매매가를 밀어 올릴 수 있다. 전세를 찾는 건 늘 실수요자이기 때문이다.

4. 30평대 이상의 아파트지만 그보다 작은 소형 아파트와 마찬가지 소액으로 투자가 가능해야 한다. 투자금이 많이 없으니 이 기준에 부합하지 않으면 투자가 불가능하다. 따라서 학군이 좋지만 투자금이 많이 들어가는 중계동, 목동, 대치동 등은 배제한다.

5. 환금성을 고려해 남향 로얄층을 타깃으로 한다.

---

솔직히 이런 기준을 세우면서도 반신반의했다. 과연 학군이 좋은 30평대 이상 아파트이면서 남향 로얄층에, 그것도 3,000만 원으로 투자가 가능한 곳을 찾을 수 있을까?

'어쨌든 한번 해보자.'

먼저, 지역 내에서 알아주는 학군을 대략적으로 선정했다. 조사를 해보니 전국에서 알아주는 학군은 아니더라도, 지역 내 사람들에게는 인기가 많아 이사 수요가 늘 붐비는 단지들이 있었다.

1. 분당 수내중, 내정중

2. 평촌 범계중, 귀인중, 평촌중

3. 부천 상일중, 계남중

4. 일산 오마중, 신일중

5. 용인 신촌중, 이현중

6. 산본 수리중, 궁내중

나는 이 지역을 차례차례 임장을 가기 시작했다. 동시에 전매비교표(123쪽 참조)를 만들어 전세가율이 상승하고 있는지를 확인했다. 그러고 나서 최종적으로 실제 투자가 가능한 곳을 추리자 총 네 군데로 좁혀졌다.

1. 오마중 후곡마을

2. 상일중 행복한마을

3. 계남중 미리내마을

4. 궁내중 백두마을


그런데 이마저도 매매 가격과 전세 가격 차이는 5,000만 원 이상 벌어져 있었다. 조금 더 지켜보자는 심정으로 휴대전화의 북마크 기능을 활용하여 해당 마을의 아파트 10군데를 시시각각 확인했다. 일주일에 한 번은 해당 아파트 단지의 부동산 중개업소 소장님과 통화를 했다.

그로부터 5개월이 흐르자, 신기하게도 매매 가격과 전세 가격의 차이가 현저히 줄어드는 게 보였다. 매매 가격은 그다지 오르지 않았는데 전세 가격이 쭉쭉 올라간 것이다. 이미 입지 분석, 가격 분석을 마친 상태였기에 내가 원하는 가격의 물건만 나오면 매수할 계획이었다.


어느 날 직장 동료들과 점심식사를 마치고 오는 길에 습관적으로 부동산 북마크를 열었다. 늘 그렇듯 무심결에 찜해둔 여러 단지를 확인했다. 그런데 드디어 '오마 학군' 일산에서 신호가 왔다. 게다가 약 2,000만 원의 투자금만 있으면 매수할 수 있는 30평 아파트였다. 층수는 2층이었지만, 바로 위 3층보다 3,000만 원이 쌌고, 나와 있는 전세 매물이 없다 보니 매수하고 전세를 놓아도 무리가 없을 듯 했다.

곧바로 해당 부동산에 전화를 걸었는데 소장님도 급매로 나왔으니 다른 사람이 채가기 전에 얼른 계약금부터 입금해야 한다고 했다. 그렇다고 갑작스럽게 반차를 내고 갈 수는 없었고, 스스로 세운 원칙을 깨고 직접 확인하지 않은 채 계약할 수도 없는 노릇이었다. 이미 그 폐해를 제대로 경험했기에 절대로 그럴 수는 없었다. 결국 이렇게 말씀 드렸다.

"사장님, 주말에 찾아가겠습니다. 2층이라 볕 들어오는 것도 직접 눈으로 확인해야 하니 낮에 찾아뵙겠습니다. 그전에 계약되면 아쉽지만 저랑 인연이 아닌 거라 생각해야죠."

그러고 나서 주말이 되기 전에 다시 전화했는데, 이런 답변이 돌아왔다.

"아, 총각 전화 온 다음 날 다른 부동산에서 벌써 계약해갔어. 그 집뿐 아니라, 지금 부산 투자자들이 그것보다 2,000만 원 비싼 집까지 여러 개 매수했거든. 총각도 더 늦기 전에 빨리 하나라도 매수해둬."

예전 같으면 이런 말에 흔들렸겠지만 이미 어느 정도 경험이 쌓인 터라 이 동네는 이미 나와 인연이 아니라는 결론을 내렸다. 여러 명의 투자자들이 집을 사뒀다면 그 집은 곧 그만큼 전세 매물도 풀릴 거란 뜻이고, 조만간 전세 공급이 많아진다는 것을 의미한다. 전세 가격은 순간적이지만 하락할 가능성이 있었다. 그리고 이를 통해 찜해뒀던 그 지역의 다른 30평대 학군 좋은 아파트에서도 이와 비슷한 일이 벌어질 수도 있겠다는 생각이 들었다.

당시에 부동산 좀 추천해달라는 지인에게 이 이야기를 들려주며 오마 학군 외의 찜해둔 곳들을 주시하라고 말해주었는데, 역시나 반응은 싸늘했다.

"중계동, 목동, 분당, 평촌도 아니고 그런 데가 무슨 좋은 학군이야. 그리고 누가 요새 중대형 아파트에 투자하냐. 투자금도 소형 아파트보다 훨씬 많이 들어갈 게 뻔한데!"

물론 틀린 말은 아니었다. 하지만 누구나 좋아하는 곳은 가격이 저렴하지 않고, 투자금도 많이 드는 게 사실이다. 그래서 나는 B급 매물 중에서도 얼마든지 투자 가치가 있는 곳을 찾을 수 있다는 믿음으로 포기하지 않았다.

그리고 얼마 뒤 거짓말처럼 나머지 궁내 학군, 상일 학군, 계남 학군의 아파트 매매 가격과 전세 가격의 차이가 조금씩 줄어들었다. 어차피 사람들이 몰리는 지역도 아니니 느긋하게 기다릴 수 있었고, 결국 남향 로얄층을 시세보다 1,000만 원 이상 싸게 구입했다. 그리고 1학기가 시작되는 봄방학, 2학기가 시작되는 가을에 세입자를 구했다. 결국 입지도 좋고 1기 신도시 학군에 속하는 중대형 아파트를 인근 소형 아파트 투자 금액보다 적은 금액으로 매수하게 되었다.

# 대형 아파트에 투자하면
# 정말 망할까

　나는 50평대가 넘는 대형 아파트에도 관심을 갖기 시작했다. 부동산 시장의 흐름을 돌이켜보며 언젠가 중대형 평수의 시대가 다시 돌아올 거라 생각했고, 사람들이 몰리지 않는 곳에 더 많은 기회가 있을지도 모른다는 믿음이 있었기 때문이다. 당시는 주변에서 30평대 아파트 투자도 만류하던 때라, 누구에게도 추천을 받아보지 못했다. 그러다 보니 혼자 임장을 다녔고, 혼자 고민했다.

　부동산 중개업소에 들어가 대형 아파트를 찾으면 소장님들은 웬 젊은이가 대형 아파트에 투자를 하냐며 나를 말렸다.

　"50평대 아파트에 투자한다고요? 허허, 아들 같아 말리고 싶네요. 그래도 이 아파트 생긴 이래 투자금이 이렇게 적게 들어가는 건 처음 봅니다."

　"그냥 20평대에 투자하는 게 낫지 않겠어요? 소형은 최근에 5,000

만 원이나 올랐어요. 요즘엔 소형이 대세인데 왜 굳이 대형을 사려고 하세요?"

하지만 이런 답변은 이미 예상하고 있던 터라 당황스럽지는 않았다. 게다가 이런 분위기에는 장점도 있었다. 사람들의 관심 밖에 있다 보니 초조해지지 않고 느긋한 태도를 유지할 수 있다. 게다가 가격 협상에도 유리할 테니, 차근차근 알아볼 수도 있었다.

'수요공급의 법칙' 면에서도 상황은 유리했다. 넘치는 분양 아파트에서도 50평대 이상은 공급 자체가 거의 이뤄지지 않았다. 아무리 대형 아파트의 인기가 떨어졌다 해도 어느 정도의 수요는 있을 텐데 그에 비해 공급이 거의 전무했다.

또한 사람들이 눈길조차 주지 않은 덕에 가격은 지속적으로 하락했고, 평당 가격이 30평대 가격보다 더 저렴했다. 그러다 보니 가격이 이 이상 떨어지기는 힘들어 보였다. 무엇보다 가장 큰 장점은 투자의 리스크를 줄일 수 있는 실투자금이 적게 든다는 것이었다.


## ⌂ 대형 아파트 전세<br>팸플릿 영업

주변의 만류에도 불구하고 나는 대형 아파트를 매수하기로 했다. 결국 잔금을 세 달 뒤에 치르기로 하고 계약서를 작성했다. 기존 세입자의 만기일을 조금 뒤로 늘려주고, 새로운 세입자를 구하면 날짜를

조율하기로 했다.

"어이고, 주인입니까? 부동산에서 들어보니 82년생이라고 하던데, 아들뻘이네요. 근데 전세 가격을 왜 그렇게 올려서 냅니까? 전세가랑 매매가가 별 차이도 안 나는 것 같은데 너무 위험한 거 아니오?"

살고 계시던 세입자의 연락이었다.

"네, 무슨 말씀인지 충분히 이해는 하지만 지금 시세가 그렇습니다. 혹시 계속 거주하실 생각이면 시세보다 천만 원 정도 낮게 해드리겠습니다."

사실 새로운 임차인을 구하기보다 기존 세입자가 재계약해서 사는 편이 여러모로 나았다.

"아니, 나는 기존에 살던 사람인데, 오른 가격대로 받으려고 하면 어떡합니까? 젊어서 그런지 뭘 잘 모르시네요. 그럴 거면 3,000만 원 더 내려주쇼! 싫으면 내가 나가지요. 주인 양반, 그게 더 편하겠지요?"

결국 화를 버럭 내시더니 전화를 끊어버렸다. 당황스럽긴 했지만, 그렇다고 3,000만 원이나 내릴 수는 없었다. 소장님도 그 가격은 말도 안 된다며 새로운 임차인을 구해보자고 했다.

그러나 한 달이 흘렀는데도 집을 계약하겠다는 사람은 나타나지 않았다. 소장님도 "잔금 치르는 날도 이제 두 달 남았는데, 세입자가 안 구해져서 큰일이네요."라며 걱정스러운 목소리로 연락을 주셨다. 나도 더 이상 소장님만 믿고 기다릴 수는 없었다.

'그래, 인천에 그렇게 오래된 빌라도 공실 탈출에 성공했는데, 아파트 세입자 하나 못 구하겠어. 이번에는 50평대 대형 아파트 세입자 구

하기 프로젝트로 명하고 미션을 완수해보자!'

지난번 인천 빌라의 공실 탈출 경험이 있어서 그런지 마음이 크게 불안하지만은 않았다. 마침 계약 전에 세입자의 양해를 구하고 구석구석 찍어두었던 사진이 있었다. 그때부터 사진을 이용해 팸플릿을 제작했고, 그것을 들고 인근 부동산 중개업소를 방문했다.

"혹시 내부가 궁금하실까 봐 한번 만들어봤습니다. 참고하시고 손님 오시면 연락주세요."

인근 부동산을 돌고 나서는 이곳보다 전세 가격이 더 비싼 부천 지역으로 넘어갔다.

"안녕하세요. 대형 평수 단지들이 많아 보이네요. 부천도 전세 가격이 엄청 올랐더라고요. 혹시 전세금이 모자라서 다른 아파트로 넘어가시는 분들이 계시면 이것 좀 보여주세요. 여기보다 5,000만 원이 저렴합니다. 지하철 두 정거장만 가면 되고요. 혹시 찾는 사람이 있으면 꼭 좀 연락 부탁드립니다."

마치 방문 판매를 하는 영업사원처럼 홍보성 멘트와 함께 팸플릿을 나눠드렸다. 비록 투자자로서 방문할 때보다 따뜻한 환영을 받지는 못했지만, 새로운 경험을 할 수 있었다. 가끔 어떤 소장님은 "젊은 분이 대단하시네. 이런 것도 만들어서 여기까지 오고, 아주 멋지네요."라며 칭찬을 해주시기도 했다.

그로부터 며칠 뒤 부천 지역에서 연락이 왔다. 그분은 전세 재계약을 하려다 급등한 가격을 보고 걱정하던 차에 소장님이 건넨 팸플릿을 봤다고 했다. 무리하게 추가 대출을 하기보다 인천 지역으로 넘어오는

# 산곡동 ▨▨▨▨ 아파트 (51평형)

☞ ▨▨동▨▨호 정남향, 지역난방 (관리비저렴)
☞ 부평구청역 (도보10분), 롯데마트, 학군우수지역 (단지 내 유치원, 초등학교)

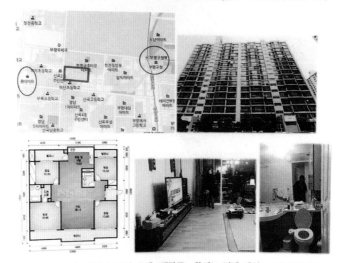

☞ 싱크대 교체, 베란다 타일 교체 (채광굿), 화이트 전체 페인트, 집상태 최상!
☞ 화장실, 도배, 장판, 조명 특A 올수리 예정

• 융자 無
• 전세자금대출 동의

▲ 대형 아파트의 세입자를 구하기 위해 직접 만든 팸플릿

게 낫겠다고 생각했다며 주말에 두 분이 인천 아파트를 둘러보러 왔다. 그리고 다음 날, 두 분 중 한 분이 계약을 하겠다고 연락이 왔다. 그런데 그분께 계좌번호를 전하려는 순간, 전화벨이 울렸다.

"주인, 안녕하십니까. 인천 아파트 살고 있는 세입자입니다. 제가 여기저기 부동산에 좀 알아보고 했는데, 거 저번 말한 가격에서 천만 원 싸게 해서 계약합시다."

다른 분들이 집을 보고 마음에 들어 한다는 이야기를 듣고 기존의 세입자가 부랴부랴 연락을 해온 것이었다. 어차피 다른 곳으로 이사를 간다 해도 대부분 지역의 전세 시세가 올라 있어 득이 될 게 없었다. 거기에 이사비, 복비까지 생각하면 그냥 계속 사는 게 더 나은 선택임을 깨달았을 것이다. 상황을 다 이해할 수 있었기에, 결국 중개업소 소장님과 부천에서 온 임차인에게 양해를 구하고 기존 세입자와 재계약을 맺었다.

# 유엔 보고서로 2억을 잃고, 부동산 공부로 3억을 얻다

"유엔 보고서를 봤는데 세계적으로 인구가 줄어들고 있다 카드라. 더 늦기 전에 이 집 빨리 팔아뿌야겠다."

퇴직 후 하릴없이 집에만 계시던 아버지는 2013년 정초부터 상부의 명령이라도 받은 듯 집을 급하게 팔려고 하셨다. 아무리 만류해도 아버지의 고집을 꺾을 수는 없었다. 그렇게 30년 가까이 다섯 가족을 보듬어주던, 우리의 숨결이 묻어 있던 그 집을 쫓기듯 팔아야 했다.

그런데 2년 뒤, 기다렸다는 듯이 부산의 집값은 수직 상승하기 시작했다. 3억 원이었던 집값은 순식간에 6억 원으로 무려 두 배나 뛰어올랐다.

"부산 집값이 완전히 미쳤네. 30년 가지고 있던 집 팔고 전세 들어오니깐 이제사 오르고 있노. 속에 천불 나서 못살겠다."

가족들의 만류에도 집을 급하게 처분했던 아버지는 억울함에 흥분을 하셨다. 아들이 걱정할까 봐 내색은 안 하셨지만, 어머니도 마찬가지였다. 명절이 되어 고향에 내려갈 때마다 부모님의 한숨은 깊어만 갔다. 지켜보는 내 마음도 편하지는 않았다. 집값 걱정을 덜어드리고 싶었지만, 한번 오른 부산 집값의 고공행진은 끝날 기미가 보이지 않았다. 결국 큰맘을 먹고 부모님을 설득했다.

"경기도 분당 지역에 아파트 한 채 사두면 후회하지 않으실 거예요. 적어도 가격이 떨어지지는 않을 겁니다. 행여 잘못되면 제가 거주하겠습니다. 그러니 저 믿고 5,000만 원만 투자해보세요."

어렵게 설득한 끝에 분당 지역의 소형 아파트 한 채를 전세 끼고 매수했다. 그 뒤부터 아버지는 시도 때도 없이 내게 전화를 걸어 분당 집값은 어떻게 되고 있느냐고 물으셨고, 부산 아파트의 가격은 오르는데 괜히 잘못 투자한 것 같다며 노심초사하셨다. 부모님의 마음을 조금이나마 편하게 해드리려고 했던 투자가 오히려 더 조급하고 불안하게 만든 것이다.

그러는 사이, 아버지는 어느덧 부산 아파트 청약 도전의 달인이 되어 있었다. 하지만 부산 아파트의 청약 시장은 너도나도 뛰어드는 통에 경쟁률은 수백 대 1이 되었다. 당연히 한 번도 당첨되진 못했고, 이윽고 오피스텔 청약에도 도전하셨다. 당첨이 되었는데 혹시라도 제 가격에 팔리지 않으면 어쩌나 싶어 걱정을 표하자 아버지는 어머니와 직접 거주를 할 수도 있다는 엄포까지 놓으셨다. 청약을 넣은 그 오피스텔이 방 한 칸짜리인 줄도 모르신 채.

# 🏠 이번 한번만
## 아들 말 좀 들어주세요

부산 아파트의 가격이 극에 달했을 2016년, 아버지는 가격이 전혀 오를 기미가 없는 분당 집을 팔고 부산 집이라도 사야겠다고 하셨다. 아버지가 전세로 살고 계시는 부산 집은 5억 원을 넘어서고 있었고, 투자했던 분당 아파트는 처음 매수했던 가격을 크게 벗어나지 못하고 있었던 것이다.

"아버지, 조금만 참아보세요. 부산에는 앞으로 입주하는 아파트가 너무 많아요. 지금 당장 몇 달은 더 오를지 몰라도 어차피 최소 2년은 보유해야 하잖아요. 그러니 2년 뒤까지 생각하셔야죠. 미래는 저도 알 수 없지만, 그래도 분당 아파트가 부산 아파트보다 더 오를 여지가 많아요."

이렇게 설득하긴 했지만, 솔직히 나도 걱정스럽긴 마찬가지였다. 아버지께 부산의 집값은 이제 그만 오를 거라고 몇 번을 말씀드렸건만 내 예상은 보기 좋게 빗나갔었다.

하지만 오른쪽 그래프와 같이 2년이 지난 2018년부터 상황이 바뀌었다. 아버지가 거주하는 부산 아파트는 2016년 최고가 대비 1억 원 이상 떨어진 가격으로 거래가 이루어지고 있다. 반대로, 투자했던 분당 아파트의 매매가는 매수 시점 대비 2억 원이 상승했다.

이렇게 되자, 아버지는 더 이상 부산 아파트 청약에 도전하시지 않았다. 경쟁률이 줄어들어 이전에 비해 당첨 확률이 상대적으로 높아졌

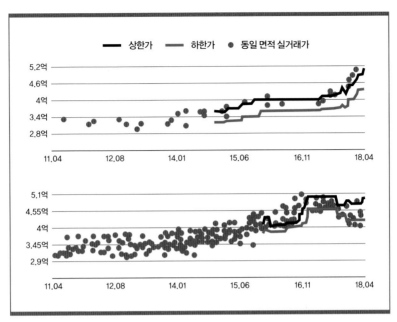

▲ 분당 아파트의 시세 변화(위)와 부산 아파트의 시세 변화(아래). 네이버 부동산 어플을 통해 시세 변화 그래프를 체계적으로 확인할 수 있다.

지만, 지금은 나의 말을 어느 때보다 믿어주신다. 만약 2016년에 분당 집을 급매로 팔고 부산 집을 급하게 샀더라면, 아마 지금쯤 땅을 치고 후회하고 계셨을 것이다.

"아들 말 안 들었으면 어쩔 뻔했노. 늙어서 돈도 못 버는 우리가 큰일 낼 뻔했다 아이가. 요즘은 얼매나 맘이 편해졌는지 모른다. 시골로 나가려고 했는데 이제 부산에서 평생 살 수 있게 됐다. 고맙다."

손가락질 받아가며 부동산 이론만 팠던 나날, 아침부터 밤까지 홀로 칼바람을 맞아가며 임장했던 날들, 실수로 자책하며 마음을 졸이던 시간이 주마등처럼 스쳐지나갔다. 어머니의 고맙다는 말 한마디에 그간의 고생들이 값진 훈장이 되어 가슴에 박히는 듯했다. 오로지 나 자신만 바라보며 시작했던 부동산 공부가 가족을 보호하고, 그들에게 도움이 될 수도 있다는 사실에 큰 보람을 느꼈다.

# 동향과 서향, 한국인들의 선호도는?

한국은 봄, 여름, 가을, 겨울이 뚜렷한 나라다. 겨울은 영하 20도까지 내려가는 강추위, 여름은 영상 35도까지 올라가는 무더위가 기승한다. 사람들은 겨울에는 바람을 막고 따뜻한 햇볕을 맞으려 하고, 여름에는 시원한 강바람을 쐬고 뜨거운 햇볕은 피하고 싶어 한다. 이런 연유로 북쪽은 산, 남쪽은 물이 있는 '배산임수' 지역이 명당이 되었다.

예나 지금이나 사람들은 여전히 겨울에는 햇볕이 많고 여름에는 시원한 바람을 맞을 수 있는 남향 베란다를, 북쪽 창문이 있어 통풍이 잘되는 판상형 구조를 선호한다. 이런 특징은 아파트 가격에도 영향을 미치는데, 심지어 '향'만으로 수천만 원의 차이가 나기도 한다.

그렇다면 향에 따른 일조 시간의 차이는 도대체 어느 정도

일까? 이와 관련하여 2001년에 부산의 한 아파트를 대상으로 한 흥미로운 실험이 있었다. 아래는 향 및 일조 시간에 따른 아파트 가격의 격차에 관한 연구 논문에서 발췌한 표다.

| 구분 | 서향 | 남서향 | 남향(기준) | 남동향 | 동향 |
|---|---|---|---|---|---|
| 3.3㎡당 평균단가 | 3,440,000원 | 3,688,000원 | 3,890,000원 | 3,767,000원 | 3,530,000원 |
| 평균 가격 | 110,080,000원 | 118,016,000원 | 124,480,000원 | 120,544,000원 | 112,960,000원 |
| 격차 | 14,400,000원 | 6,464,000원 | 0 | 3,936,000원 | 11,520,000원 |
| 격차율 | −11.5% | −5.1% | 0 | −3.1% | −9.2% |
| 일조 시간 | 3시간 8분 | 6시간 7분 | 8시간 | 6시간 51분 | 3시간 53분 |
| 일조 시간 격차(분) | 4시간52분 (292분) | 1시간53분 (113분) | 0 | 1시간9분 (69분) | 4시간7분 (247분) |

▲ 105.6㎡대 공동주택의 향에 따른 가격과 일조 시간의 분석
출처: 「공동주택의 향 및 일조 시간에 따른 주택 가격의 격차에 관한 연구」, 김명규 한국감정원 울산지점 팀장, 2007 겨울호

정남향의 일조 시간인 8시간을 기준으로 했을 때 정동향은 그 반인 약 4시간, 정서향은 그에도 못 미치는 3시간으로 나타났고, 이는 아파트 가격에도 영향을 미쳤다. 아파트 가격이 높은 순서대로 정리하면 다음과 같다.

남향 〉 남동향 〉 남서향 〉 동향 〉 서향

이처럼 향에 따라 일조 시간과 아파트의 가격 차가 실제로 존재함을 알 수 있다.

그렇다면, 남향은 무조건 가장 많은 시간 일조권을 확보할

수 있을까? 그건 아니다. 우리가 추가적으로 고려해야 하는 건 바로 '아파트의 동 간 간격'이다. 이왕이면 같은 면적에 많은 세대를 짓는 게 유리하다 보니 아파트 간 간격이 촘촘한 단지들이 많다. 이런 경우엔 남향이어도 앞 동 건물에 일조권을 다 뺏기기도 한다. 따라서 이를 제대로 확인하기 위해서는 직접 해가 들어오는 시간대에 단지를 방문해보는 게 좋다. 특히 해가 빨리 저무는 겨울철에 가보는 게 가장 정확하다.

그런데 만약 매수하려는 타이밍이 봄이면 어떻게 해야 할까? 그럴 때는 아쉬운 대로 다음 로드뷰나 네이버 거리뷰를 통해 일조권을 예측해보는 수밖에 없다.

**5장**

# 유혹
# 피하기

돈 앞에서는
의심하고 또 의심하는 게 맞다

# 신호등에 노란불이 들어오면
# 브레이크를 밟아라

초보 시절에는 누구나 달콤한 유혹에 빠져 실수하기 쉽다. 그리스 신화에도 이런 이야기가 있지 않은가.

---

오디세이는 배를 타고 고향인 이타케섬으로 10년 만에 아내를 만나러 돌아가려 했다. 그러나 그에게는 최대의 난관이 있었다. 돌아가는 길목에 마녀들의 구역, 세이렌을 지나가야만 한다는 것이었다. 그 마녀들은 지나가는 배를 발견하면 그 누구도 저항하기 어려운 뇌쇄적인 노래로 그들을 유혹했고, 결국 그 노래를 들은 사람들은 마녀들의 먹잇감이 되어버렸다. 지금까지 그 누구도 이곳을 무사히 지나가지 못했다.

이에 오디세이는 선원들의 귀를 막고 자신도 유혹에 넘어가지 않도록 온몸을 묶은 다음 선원들에게 부탁했다. 자기가 아무리 통사정을 하더라도 절대 몸을 풀어주지 말고 더 단단히 동여매라고 말이다.

마녀들의 구역에 이르자 어김없이 노랫소리가 들렸고, 오디세이는 참을 수 없었다. 마녀들에게 달려가고 싶은 유혹에 선원들에게 자신을 빨리 풀라고 명령했지만 선원들은 귀를 막고 있었기에 그 명령을 듣지 못했다. 이 덕분에 그 마녀 구역을 무사히 통과하여 고향에 도착했다.

--------------------------------------------------------

부동산 부자는 정박해 있는 배가 되지 않겠다는 의지를 표명하는 일이다. 부동산이라는 바다를 향해 새로운 항해를 시작해야 한다. 하지만 큰돈이 오고가는 과정에서 수많은 유혹의 덫이 당신을 기다리고 있다.

혹시 그래도 나는 오디세이처럼 절대 유혹에 휘둘리지 않을 거라 자신만만해하고 있지는 않은가. 하지만 막상 강력한 유혹의 소리를 들으면, 나도 모르게 그 소용돌이에 빨려 들어갈지도 모른다. 부동산 사기를 당한 사람들이라고 해서 남들보다 부족하거나 특이한 건 아니다. 직접 그들을 만나보면 나와 똑같은 평범한 선원 중 한 명일 뿐이라는 걸 알 수 있다. 따라서 너무 강해서 거부하기 힘들 정도의 유혹이라면 오디세이의 선원들처럼 차라리 귀를 막아버리는 게 어떨까. 특히나 당신이 부동산 초보자라면.

## 🏠 그렇게 좋다는 확신이 드는데 왜 남한테 넘길까

"나는 부동산 투자에 관심이 없어요. 2007년에 아파트 하나 샀다가 돈만 날렸거든요. 다들 지금 사지 않으면 후회한다는 얘기 듣고 억지로 샀는데 그때부터 가격이 쭉 떨어지더라고요. 그 이후로 부동산 투자라면 딱 질색이에요."

독서 모임에서 40대 중반쯤 되어 보이는 한 아주머니가 이런 말씀을 하시며 부동산의 '부' 자도 듣기 싫다며 질색을 했다. 그런데 며칠 뒤, 그분에게서 전화가 왔다.

"어릴 때 친했던 친구한테 전화가 왔는데, 개발제한구역 해제지역에 땅 좀 보러 오라고 하네요. 난 진짜 관심 없는데 계속 오라고 하니까 고민이에요."

나는 확신 없이 땅에 투자하는 건 위험할 수 있으니 그냥 가지 말라고 말씀드렸다. 그런데 며칠 뒤 또 전화가 왔다.

"죄송해요. 친구한테 안 간다고 안 간다고 했는데도 계속 오라 그러고 자료까지 보내주더라고요. 자료 보니까 그 인근에 지하철도 개통된다고 하고⋯."

결국 그분은 유혹을 이기지 못하고 그곳에 투자를 했다.

그런데 역시나 '설마'는 사람을 잡았다. 혹시 서울 지하철 10호선에 대해 들어본 적이 있는가? 현재 9호선이 끝인 철도가 10호선, 11호선, 12호선까지 계획된 적이 있었다. 각 호선은 각각 '석수~구리', '서부화

물트럭터미널~우면동', '왕십리~광운대'를 연결하는 노선이었는데, 정치인들의 선심성 공약으로 계획만 하고 폐기된 것들이다.

아무도 모르는 정보를 나 혼자만 알고 있을 때 하루빨리 호재에 접근해 투자하려는 사람들을 종종 본다. 물론, 부동산 가격이 바닥을 기고 있을 때 혼자만 알고 있던 호재가 정말 현실이 된다면 큰 수익을 얻을 수 있을지도 모르지만 사실상 그럴 가능성은 거의 없다. 1980년대야 무슨 사업이든 하겠다고 발표하기만 하면 몇 년이나 앞당겨서 후다닥 완공이 되던 때였다. 그러나 지금은 그때와 다르다. 실제로 완공 예정일보다 5년 정도 뒤로 잡으면 대충 맞게 접근한 것이라고 한다. 그러기에 어떤 호재건 진행 상황을 충분히 확인하고 투자하는 게 좋다. 설사 이익을 좀 덜 보더라도 말이다. 많이 잃기보다 조금 얻는 게 더 낫지 않을까.

## 🏠 피를 나눈 부모 형제도 함께하지 말아야 할 거래가 있다

"저는 절대 남들과 공투('공동 투자'의 준말)할 생각은 없어요."

대부분 투자 초기에 이런 마음가짐으로 시작한다. 그런데 아무래도 혼자 큰돈이 들어가는 투자를 한다는 게 특히 초보 입장에서는 더 겁이 나게 마련이다. 그러다 보니 투자 동호회나 카페 활동을 통해 친해진 사람들과 공동 투자를 고민하는 경우가 한 번쯤은 꼭 찾아온다.

같이 공부하며 친해진 회원들 중에는 상대적으로 투자를 잘하는 사람이 있다. 마치 선천적으로 투자 DNA를 타고난 양 투자를 하는 족족 수익을 내고, 투자 규모를 키우면서 그만큼 수익을 점차 늘려나간다.

'아 저분 정말 대단하네. 부럽다 부러워. 내 돈도 좀 가져가서 불려줬으면 좋겠다.'

이런 생각이 드는 사람이 생길 때쯤, 그분이 술자리에서 이런 말을 하기 시작한다.

"이 자리에서 처음 꺼내는 말인데요. 지금 완전 대박 날 수 있는 투자 건이 하나 있는데, 돈이 조금 부족하네요. 아시다시피 이 분야는 제가 자신이 있어서요. 혹시 2,000만 원 정도 여유가 있는 분이 계시면 저랑 공동 투자 가능합니다. 2,000만 원이 엄청 큰돈은 아니니 함께하실 분 없나요? 공투하시는 분께는 제가 이것저것 가르쳐드릴 수도 있고요."

그러면 그 자리에 있는 10명 중 두세 명은 '그렇잖아도 혼자 투자하는 게 두려웠는데, 같이 투자도 하고 옆에서 배울 수도 있으니 좋지 않을까? 설마 이렇게 서로 얼굴도 다 트고 지냈는데 사기라도 치겠어?' 라는 생각으로 공투를 하게 된다. 그러나 2,000만 원이 3,000만 원이 되고 3,000만 원이 어느새 5,000만 원이 되다가 나중에는 남편 몰래, 아내 몰래 돈을 빌려야 하는 지경에 이르기도 한다.

물론 공동 투자가 항상 나쁘다는 건 아니다. 하지만 여럿이서 하는 투자다 보니, 경험이 많은 한 사람이 투자를 주도하게 된다. 그러면 나머지 사람들은 투자 내용을 제대로 파악하지 못하게 되어 결국 돈은 썼지만 투자 경험을 제대로 쌓지는 못한다.

피를 나눈 형제지간에도 돈거래는 하지 말라고들 한다. 그런 말이 왜 있겠는가. 내가 직접 컨트롤할 수 없는 돈은 화를 불러일으킬 가능성이 높다. 그러니 특히 부동산 투자 경험이 부족한 초보라면 '공동 투자는 절대 금지'라고 머릿속에 새겨두자.

# 굳이 특수한 물건부터
# 손댈 이유는 없다

"오빠, 오는 길에 엄마랑 모델하우스 다녀왔어. 봐봐, 이거 대박이야!"

아내가 집으로 들어오자마자 설레는 목소리로 내게 말했다.

"원래 그 동네 평당가가 1,500만 원이래. 근데 이 아파트는 지금 계약하면 평당 1,200만 원에 해준다는데! 만약 우리가 30평을 계약하면 평당 300만 원이니까, 다른 아파트보다 무려 9,000만 원이나 싼 거지. 이거 대박 아니야? 선착순 분양이라는데, 서둘러야 하지 않아?"

아내는 이미 투자하는 쪽으로 마음이 반쯤 기울어 있었다.

"오빠는 어떻게 생각해? 이제 남은 물건도 거의 없대! 분양 임박이라던데, 지하철역하고도 가까워서 뛰어가면 1분이래. 한 채 사면 9,000만 원, 두 채 사면 2억 원 가까이 남는 투자야."

사실 부동산 투자에 그다지 관심이 없던 아내가 모델하우스에 다녀온 사실만으로도 신기했다. 더구나 평당 가격에 역세권이라는 얘기까지 하다니, 지금껏 부동산에 이런 관심을 보인 적은 없었다. 아내에게 찬물을 끼얹고 싶지는 않아 우선 이렇게 대답했다.

"대박 투자 건을 보고 오셨구먼. 두 채 계약하면 2억 원이나 벌 수 있다니. 그래도 투자는 언제나 조심해야 하니까 조금 더 알아보자. 인터넷으로 찾아보면 어느 정도는 답이 나올 거야."

사실 아내가 본 물건은 지역주택조합 아파트였다. 나도 지역주택조합의 명성은 익히 들어 알고 있었다. 친구 한 명이 울산 분양권 투자로 몇천만 원을 수익을 올리고, 그 기세를 몰아 고향인 부산의 지역주택조합에 관심을 가졌던 적이 있다. 그러다 모델하우스 담당자가 하는 말을 듣고는 바로 사인을 해버렸다고 했다.

"토지 확보 100퍼센트가 얼마 남지 않았습니다. 마침 아침에 돈이 부족해 취소된 물건이 하나 있는데."

"네? 정말요?"

"지금 다른 손님이 오고 계시긴 합니다만, 저야 누구든 선착순으로 계약하면 좋으니 손님한테 먼저 말씀드리는 거예요. 투자 시기로는 위험성이 거의 없는 지금이 최적의 타이밍입니다. 일단 사인하시고 집에 돌아가셔서 천천히 고민하세요. 취소는 언제든 가능하니까요."

얼마 뒤, 그 친구는 뉴스에 출연했다. 머리에 빨간 띠를 두르고 농성하고 있는 모습으로. 알고 보니 토지 확보 100퍼센트가 얼마 남지 않았다는 건 새빨간 거짓말이었다. 토지 확보는커녕 몇 년째 조합원을 모집하고 있었을 뿐 아니라 조합장은 사기죄로 소송까지 진행하고 있었던 것이다.

국민권익위원회의 조사에 따르면 2005년 이후 조합설립 인가를 받고 아파트를 지어 입주까지 마친 조합은 전체의 20퍼센트에 지나지 않는다. 그렇다면 나머지 80퍼센트는 어떻게 된 걸까? 지역주택조합은 조합 측이 직접 시행사 업무를 맡기 때문에 일반 아파트보다 싸게 분양 받을 수 있는 데다 청약 통장도 필요 없다. 이런 연유로 전국에 우후죽순 조합을 설립되었지만, 친구의 사례처럼 여기저기서 피해 사례가 속출했다.

회사 동료 한 명은 100퍼센트 계약이 취소 가능하다는 말만 믿고 모델하우스에서 덜컥 사인을 했다고 한다. 그런데 집으로 돌아가 곰곰이 생각해보니 영 마음이 놓이지 않아 다음 날 사무실로 찾아가 계약을 취소해달라고 했다. 그런데 그때부터 직원들은 돌변하기 시작했다. 이런저런 온갖 핑계를 대며 안 된다고 소리를 쳤고, 결국 동료는 취소해주지 않으면 모델하우스에서 한 발짝도 안 나가겠다며 엄포를 놓았으며 경찰까지 불렀다고 했다. 그러자 조합 측에서 온갖 증빙 서류를 달라고 요구해 그것들을 다 준비하고서도 2주 뒤에야 겨우 취소할 수 있었다며 치를 떨었다.

나는 지금까지 지역주택조합 모델하우스는 단 한 번도 방문해본 적이 없다. '나머지 80퍼센트'가 되고 싶지는 않기 때문이다. 좀 더 안전한 투자를 두고 군이 위험한 투자에 손을 댈 이유는 없지 않은가.

## 🏠 특수물건을 따라가면, 특수한 일을 겪을 수도 있다

"요즘 뭐하고 살아? 투자는 좀 하고 있어? 신혼 생활을 어때?"

예전에 함께 경매 스터디를 했던 한 누나로부터 오랜만에 연락이 왔다.

"깨 잘 볶고 있어요. 누나도 잘 지내시죠? 경매 투자는 여전히 잘하고 계세요?"

부동산 지인들의 인사는 보통 투자 소식을 전하면서 시작된다.

"나야 잘 지내고 있는데, '루시'는 요새 경매 투자 한 거 때문에 맘 고생이 심하더라. 전화도 안 받아."

루시 누나는 경매 투자로 실거주 아파트를 낙찰 받은 경험이 있는, 꽤 실력이 있는 투자자였다.

"루시한테 6개월 전에 전화가 왔었어. 지분 투자 물건이 나왔는데 맘에 든다고 하더라. 결국 입찰 들어가서 낙찰도 받았는데 거기서 문제가 터졌나봐. 어차피 지분 투자라는 게 특수물건이다 보니 해결만 되면 수익은 날 텐데… 지금 4개월째 거기에만 매달리고 있는데 일상생활도 제대로 못할 만큼 골치 아픈가 봐."

잘 해결되면 좋겠지만 꼬여버리면 수천만 원을 잃을 수도 있는 투자라 나 또한 걱정되었다.

"예전에 모여서 스터디 할 때 특수물건은 건들지 말라고 하시더니, 왜 하셨대요?"

"요새 경매 시장이 좀 뜨거워야지. 예전처럼 일반 아파트로 수익 보려면 힘들어. 급매보다 더 비싸게 낙찰 받는 사람도 있거든. 그러니 특수물건이 아니면 수익 내기가 여간 힘들어야지. 아님 나처럼 그냥 투자를 쉬던가."

경매 수업을 듣다 보면 '남들 다 하는 일반 아파트 경매 말고, 강사처럼 법정지상권, 유치권 같은 특수물건에 도전해서 수익을 제대로 내봐야겠다'는 근거 없는 자신감이 생길 때가 있다. 나도 그런 이상한 자신감에 경매 강의에서 추천해준 1,000쪽짜리 대법원판례집을 사기도 했다(딱 한 번 펼쳐본 이후로 지금은 어디에 있는지도 모르게 되었지만).

특수물건 경매 투자가 꼭 나쁘다는 건 아니다. 단지 환상만 가지고 접근하기에는 무리가 있다는 뜻이다. 경매 투자를 하는 큰 이유 중 하나는 '경락잔금대출'이다. 경매나 공매로 낙찰 받은 부동산에 대해 부족한 잔금을 대출해주는 제도로, 일반 매매를 통해 상가를 매수하면 대출이 50퍼센트 정도 나오지만 경매의 경우 90퍼센트까지 대출을 받을 수 있다.

하지만 특수물건의 경우에는 경매를 통해 투자하더라도 이렇게까지 대출을 많이 받기 어렵다. 그만큼 은행에서도 특수물건의 위험성을 잘 알고 있기 때문이다. 따라서 특히나 첫 투자로 특수물건에 투자하는 건 매우 위험하다. 계속해서 강조하지만 투자에서 무리한 욕심은 절대 금물이다.

# '1억에 다섯 채'
# 전봇대 전단지의 진실

2014년부터 유행했던 갭투자로 인해 전세금이 치솟으면서 아파트 전세난이 빌라에까지 퍼져나갔다. 지인 중에는 '투자금 1억이면 빌라 5채'라고 써 있는 전봇대 전단지를 보고 냉큼 한꺼번에 다섯 채를 사들인 경우도 있었다.

국토부에 따르면 전국 다세대, 연립 신축인허가 물량이 2014년 9만 2,000건에서 2015년 14만 2,000건으로 50퍼센트 이상 증가했다고 한다. 2016년에는 다소 줄긴 했지만, 10만을 훌쩍 넘긴 12만 2,000건에 달한 것으로 나타났다. 즉, 3년 연속 10만 가구를 넘긴 것이다. 특히나 수도권의 신축 인허가 물량이 전국의 80퍼센트를 차지할 정도로 공급이 급증했다. 2007년 이후 역대급 인허가 건수다.

이렇게 인허가를 받은 엄청난 물량의 가구들은 2018년인 지금 어떻게 되었을까? 뉴타운 구역이 해제된 장위동도, 젊은이들의 거리 홍대 인근도, 5호선, 7호선이 마주하는 군자역 근처도 여기저기 공사판이다.

아파트는 착공하면 빨라도 3~4년이 걸리는 반면, 빌라, 다세대, 연립은 6개월이면 준공이 가능하다. 또 빌라는 40평 정도 되는 작은 땅에도 지을 수 있어 아파트에 비해 진입 장벽이 낮다. 따라서 부동산 경기가 좋아질 것 같은 분위기가 감돌기만 해도 반응이 나타난다. 소위 '꾼'으로 통하는 건축업자들은 2013년부터 오래된 주택을 여러 채 사서 허물고 짓고 팔고를 반복하여 꽤 많은 수익을 올렸다고 한다. 이런 식으로 공급이 순식간에 불어나는 것이다.

아파트의 경우 대규모 공급이 이뤄지려면 인근에 재개발이나 재건축 이슈가 있거나 택지가 필요하다. 다시 말해, 분양 정보를 통해 2년 뒤 인근에 얼마큼 지어질지 확인이 가능하다. 반면, 빌라, 다세대 주택, 연립주택은 6개월 이내에도 완공이 가능하기에 2년 뒤를 가늠하기 어렵다.

또한 실거주 편의성도 아파트에 비해 떨어질 수밖에 없다. 같은 가격의 전세라면 당연히 빌라보다 아파트를 선호하는 것이 대한민국의 정서다. 따라서 주택의 큰 형님 격인 아파트 물량이 대거 쏟아지면, 주변의 신축 빌라의 전세 가격도 속절없이 떨어질 수 있다. 더구나 정부 입장에서 실수요자들이 받아야 하는 전세 대출에는 규제를 가하기가 어렵다. 지금처럼 저금리 전세 대출이 계속되면, 대출을 몇천만 원 더 받더라도 이자가 낮다 보니 실거주자들은 신축 아파트로 이동하게 된다.

2016년부터는 신축빌라 미분양에 대한 우려를 표한 기사를 많이 볼 수 있다. 그것도 지방이 아닌 서울에서 말이다. 출퇴근할 때마다 보게 되는 집 근처 신축 빌라에는 1년이 넘도록 '분양 중'이라는 입간판이 세워져 있다. 그런데도 여전히 주변의 다른 주택이 허물어지고 새로운 빌라들이 들어서고 있다. 물론 모든 빌라 투자가 꼭 위험한 건 아니다. 초역세권에 입지가 좋은 곳은 예외다.

## 🏠 오피스텔 수익률의 함정

"사장님, 생각은 해보셨어요? 저번에 보신 오피스텔이 이제 하나밖에 안 남아서 연락드립니다."

전봇대에 붙은 전단지를 보고 방문했던 오피스텔 분양사무소 팀장님의 전화였다. 전단지에는 이렇게 쓰여 있었다.

> 분양가 2억 5,000만 원, 보증금 3,000만 원에 월 임대료 100만 원,
>
> 저금리 시대 노후대비 환상적 수익률 30%!!!

팀장님은 말을 이어갔다.

"요즘 은행 가면 금리가 2퍼센트도 안 되잖아요. 실 투자금 2,000만 원이면 수익률이 30퍼센트예요. 이거 놓치시면 후회합니다."

그의 논리는 이러했다. 분양가인 2억 5,000만 원의 70퍼센트는 대출을 하고, 나머지 10퍼센트는 개인 신용 대출을 받아 분양가의 총 80

퍼센트에 해당하는 금액을 대출받는다(3퍼센트 이율로 가정). 그러면 여기서 2억 원이 해결된다. 그런데 보증금이 3,000만 원이니 실제로 내가 쓰는 투자금은 2,000만 원이면 가능하다는 말이다.

이번에는 이자를 생각해보자. 1년 이자는 대출금 2억 원의 3퍼센트인 600만 원인데, 임대료로 1년에 1,200만 원이 들어오니 수익은 연 600만 원이라 할 수 있다. 그러면 결국 투자금 대비 30퍼센트라는 수익률이 나온다. 이 정도면 정말 어디에서도 찾아볼 수 없는 엄청난 액수다. 이를 공식으로 정리하면 다음과 같다.

::: **오피스텔 분양 사무소에서 말한 대출을 포함한 수익률 공식** :::

$$\frac{연간\ 월세 - 연간\ 이자}{실투자금(매매\ 가격 - 대출금 - 보증금)} \times 100 = 수익률$$

그가 말한 금액들을 위의 공식에 대입해보면 위에서 말한 대로 수익률은 30퍼센트가 나온다.

$$\frac{(100만\ 원 \times 12개월) - 600만\ 원}{매매가\ 2억\ 5,000만\ 원 - 대출금\ 2억\ 원 - 보증금\ 3,000만\ 원} \times 100 = 30퍼센트$$

빌라든, 상가든, 오피스텔이든 월세를 받는 부동산은 이렇게 수익률을 통해 투자 가치를 가늠한다. 그러나 여기에 바로 함정이 있다. 대출을 얼마만큼 받았느냐에 따라 수익률은 무한대까지 발생할 수 있기 때문이다.

예를 들어 위에서 말한 대출금에 개인 신용 대출을 5퍼센트 더 받아 총 15퍼센트 받았다고 해보자. 그러면 총 분양가 대비 85퍼센트인 2억 1,250만 원의 대출을 받았으므로 보증금 3,000만 원을 제외하면 실투자금은 750만 원이 되고 수익률을 계산해보면 75퍼센트가 된다. 신용 대출을 20퍼센트를 받았다면 내 실투자금은 0원, 수익률은 무한대가 된다. 이처럼 분모가 줄어들면서 수익률은 계속 올라가기 때문에 수익형 부동산 투자의 수익률은 '대출을 제외'하고 따질 때 이 함정에서 벗어날 수 있다. 즉, 위의 공식에서 연간 이자와 대출금을 제외하는 것이다.

대출을 제외한 수익률을 구하는 공식은 다음과 같다.

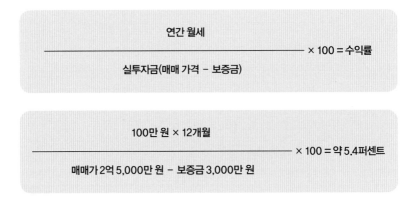

::: 오피스텔 분양 사무소에서는 말하지 않는 대출을 제외한 수익률 공식 :::

$$\frac{\text{연간 월세}}{\text{실투자금(매매 가격 − 보증금)}} \times 100 = \text{수익률}$$

$$\frac{100만 원 \times 12개월}{\text{매매가 2억 5,000만 원 − 보증금 3,000만 원}} \times 100 = \text{약 5.4퍼센트}$$

이 공식에 대입해보면 수익률은 분양사무소 팀장님이 말한 30퍼센트보다 훨씬 낮은 5.4퍼센트가 된다. 여기에 취득세, 중개보수, 대출 이자 등 부대 비용까지 적용하면 실제 세후 수익은 더 낮아진다고 볼 수 있다.

# 부동산 컨설팅,
# 두 얼굴의 실체

한번은 울산에서 열심히 분양권 투자를 하고 있는 고등학교 친구를 만났다. 우리는 만날 때마다 부동산을 주제로 수다를 떨었다. 그날도 우리는 커피 한잔을 놓고 어김없이 투자 이야기를 시작했다.

"요새도 부동산으로 돈 많이 벌고 있나? 얼마 전에 온라인 카페에서 부동산 컨설팅도 받았다며?"

친구는 한 온라인 카페를 통해 상담을 받는다고 했다.

"야, 안 그래도 재밌는 일 있었다 아이가. 내가 상담 신청하고 투자하고 싶은 아파트가 어떤 건지 대충 써서 메일 보냈거든. 근데 그 사람이 상세히 적어줘야 제대로 상담을 해줄 수 있다 카더라고."

친구는 지금 생각해도 황당한지 뜨거운 커피를 쭉 들이키며 속사포로 말을 이어갔다.

"무슨 상세한 내용?"

"그니깐에 내가 가진 재산이 어느 정도인지, 투자하고 싶은 아파트 동, 호수, 향, 매매 가격, 전세 가격 이런 거 다 리포트 형식으로 적어달라 카더라고. 귀찮긴 했는데, 그래도 상담받는 김에 제대로 받아야지 카고 다 적어 보냈거든."

"그랬더니 뭐래?"

"일주일 뒤에 연락이 왔거든. 괜찮긴 한데 조금 더 생각해보라고. 더 좋은 투자처도 많다나 뭐라나."

"뭐 니가 사고 싶은 아파트가 그분이 볼 때는 좀 아니었나 보제."

친구는 드디어 할 말을 해야겠다는 표정으로 입을 열었다.

"근데 난 어차피 그 아파트에 투자할 마음 단단히 먹었다 말이다. 그래서 그 사람이 그래 말하든 말든, 내사 무작정 부동산 찾아갔다 아이가. 근데 사무실에 들어가려고 한 걸음 문 안으로 살짝 들여놓을라 카는데, 내 눈깔에 누가 보인다 아이가."

"설마?"

"맞다, 설마가 사람 잡은기다. 그 사람이 거기에 계약서에 도장 찍고 있는거 아이가. 와 돌아뿌겠데. 어찌나 황당하던지. 괜히 뻘쭘할 거 같아서 내는 그냥 밖으로 나왔제. 그라고 집에 가서 그 부동산에 전화 했드만 내 상담했던 그 물건을 그 사람이 매수했다 카데."

친구는 그 일이 있고 나서부터는 다시는 부동산 상담 따위 받지 않을 거라며 열변을 토했다.

# 🏠 최소한 이런 수법은
## 알고 있어야 당하지 않는다

부동산 투자에도 여러 분야가 있지만 그중에서도 경매는 특히 쉽지 않은 분야다. 그래서 경매에 관심 있는 투자자는 컨설팅 업체에 의존하는 경우가 많다. 심지어 강의는 강의대로 듣고, 공부는 공부대로 다 하고 나서도 컨설팅 업체에 의뢰한다. 보통 컨설팅 업체는 초기 선금의 일부만 받고, 낙찰된 후에 나머지 수고비를 받는다. 따라서 낙찰을 받지 못하면 적자가 나기에 파렴치한 일들이 벌어지기도 한다. 그중 흔히 행하는 수법은 높은 낙찰가를 쓰거나 2등과의 금액을 좁히기 위해 위장 2등을 만드는 것이다. 아무것도 모르는 의뢰인은 2등과의 금액 차이가 적은 것만 보고 흡족해한다. 실제로는 그 낙찰가액이 시세보다 비싼지도 모른 채.

이런 경우도 있다. 온라인 카페를 운영하는 주인장이 카페 멤버들에게 어디에 투자하는 게 좋겠냐고 물으면서 컨설팅을 받아볼 것을 권한다. 그러면서 지방의 어느 미분양 단지를 추천해준다. 딱 봐도 입지면에서 위험한 곳이지만, 추천해준 사람이 카페 주인장이기에 사람들은 의심하지 않고 투자를 한다. 그런데 알고 보면 주인장은 컨설팅 업체로부터 몇백만 원의 커미션을 받고, 회원들에게도 수고비로 몇백만 원을 챙겨 이득을 취한다. 그러면서 사람들에게는 가격이 오를 때까지 믿고 기다리라 한다.

물론 모든 컨설팅 업체가 다 이렇다는 것이 아니다. 지극히 일부 파렴치한 업체에 해당하는 이야기다. 그럼에도 이런저런 경우를 잘 알고 있어야 불미스러운 일을 당하지 않을 수 있으므로 항상 의심하고 조심해야 한다.

## 🏠 부자들은 이렇게 컨설팅을 활용한다

강남의 복부인들 역시 투자 컨설팅을 자주 받는다. 그런데 컨설팅만 받을 뿐 그때마다 투자를 하는 건 아니다. 또한 컨설턴트가 추천해준 아파트를 덥석 사지도 않는다. 그냥 수시로 부동산 시장의 흐름을 파악하기 위해 컨설팅을 받을 뿐이다.

부동산도 세부적으로 들어가기 시작하면 분야가 너무 많고, 각 분야마다 전문가들 또한 셀 수 없을 만큼 많다. 전문 투자자도 아닌 평범한 직장인인 내가 상가, 재건축, 재개발, 아파트, 빌라 등 모든 분야에 통달할 수는 없는 노릇이다. 따라서 컨설팅을 통해 좀 더 가까이서 전문가들의 생각과 투자법을 들어보는 것도 크나큰 자산이 될 수 있다.

만약 믿을 만한 전문가에게 컨설팅을 의뢰했다면 그 옆에 바짝 붙어 투자의 전 과정을 처음부터 끝까지 관찰해보자. 그렇게 전문가를 따라다니면서 그는 왜 이 지역을 추천했는지, 왜 하필 그 층과 향을 선택했는지, 부동산 협상은 어떻게 하는지, 세입자를 위한 세팅은 어떻게 하는지 등을 지켜보는 것이다. 이 모든 과정을 직접 볼 수 있도록 허락하고 그 과정을 함께하게 해주는 분이 있다면 이때 드는 몇백만 원의 돈은 아깝지 않다고 생각한다. 그리고 그런 컨설턴트야말로 진실로 믿을 수 있는 사람이다.

그러나 다짜고짜 "여기 물건 좋은 거 나왔습니다. 선착순이니 서두르세요. 계약금 먼저 보내신 분부터 계약시켜드립니다."라고 투자부터 유도한다면, 과감히 컨설팅을 포기하는 게 좋다. 부동산 투자를 한 번만 하고 끝낼 건 아니지 않은가.

# 소심한 사람들을 위한 부동산 심리학 개론

"싱크대도 오래됐고, 현관문도 뻑뻑 소리 나고, 인터폰도 잘 들리지 않고, 신발장은 또 왜 이렇게 더러워! 집을 샀으면 이거 다 새로 해줘야 될 거 아냐! 나도 일산에 집 있는 사람인데 이러지는 않아. 당신, 집을 처음 사본 거야?"

첫 투자를 감행했던 아파트의 세입자는 가계약서를 쓰는 날부터 나를 달달 볶았다. 계약서를 쓰는 날, 먼저 인사를 건넸는데도 나와 눈도 마주치지 않은 채 부동산 소장님을 향해 불만을 쏟아냈다.

"아니, 집에 또 가봤는데 관리 상태가 엉망이잖아. 여기저기 다 망가져 있어!"

나는 어찌할 바를 몰랐다. 게다가 나를 도와줄 거라 철석같이 믿었던 부동산 사장님마저 그분의 편을 들었다.

"오래 됐으면 새 거로 바꾸는 게 서로 좋은 거죠. 집주인이 다 알아서 해줄 겁니다. 그렇죠?"

모든 시선은 나를 향해 있었다. 빠져나갈 구멍은 없어 보였다.

솔직히 그 집은 전 주인이 4년 전쯤 '올 수리'를 해둔 상태라 손 댈 곳이 없었다. 그럼에도 세입자는 그저 새로운 싱크대, 새로운 신발장, 새로운 욕실을 원했다. 물론 모든 것을 새롭게 바꿀 수 있다면 참 좋겠지만, 생각지도 못했던 몇백만 원의 지출이 발생하는 건 물론이거니와 어리다고 무시하는 듯해 더 화가 났다.

투자를 할 때 인간 관계를 무엇보다 중요시해야 한다고 생각해왔던 나였는데, 첫 투자부터 난관의 연속이었다. 그때부터 고민은 시작되었다. 어떻게 해야 세입자와의 관계를 좀 더 부드럽게 이어나갈 수 있을까?

## 🏠 소심한 사람들이 중개업소를 상대하는 '쿠션 전략'

어리바리한 투자 초기 시절, 어느 날 미리 상담 예약을 했던 부동산 중개업소에 들어갔다.

"안녕하세요. 아까 전화를 드렸던 사람입니다."

그러자 부동산 소장님과 직원 한 분이 나를 위아래로 스윽 한번 훑어보시더니 말씀하셨다.

"투자는 직접 하는 거요? 가격이 좀 있는데?"

딱 봐도 어려 보이는 내게 시간을 낭비하기는 싫다는 말투였다. 곧 이어 그 둘은 마치 짜기라도 한 마냥 한 분은 전화기를 들고, 한 분은 모니터를 뚫어져라 쳐다보았다. 나는 그렇게 5분이 넘게 멀뚱멀뚱 서 있다가 사무실을 나와버렸다. 지금이야 혼자 임장을 가더라도 소장님과 많은 대화를 나누는 데 익숙하지만, 처음엔 부동산 문 여는 것조차 떨렸고 무시를 당하는 일도 꽤 있었다.

반대로 열성적인 부동산 소장님을 만나도 힘든 건 마찬가지였다. 그런 분들은 집을 여기저기 구경시켜주고 브리핑도 해주고 많은 시간을 할애하고 나서 내가 당장 매수하기를 바랐다.

"고민해본다고 하더니 연락이 없어서 전화를 드렸어요. 추천해준 물건 진짜 괜찮다니깐! 그거 투자해요. 내가 그렇게 설명해줬잖아요. 후회하지 말고 얼른 매수해요."

소심한 성격이라 딱 잘라 마음에 안 든다고 말하기도 어렵고, 더 싼 물건 찾는다고 말하기도 염치없어 보여 이럴 때마다 부담이 되는 건 어쩔 수 없었다. 그렇다고 고맙다는 이유로 몇억 원의 투자를 감행할 수는 없지 않은가. 이럴 때는 어떻게 거절하는 게 좋을까?

나는 하나의 비법을 통해 이런 고민을 한 방에 떨쳐냈다. 바로 '3자 병법'이다. 즉, 나와 부동산 중개업소 소장님, 나와 세입자가 좀 더 부드럽게 관계를 맺도록 '제3의 인물'을 두는 것이다. 나의 경우 제3의 인물을 아버지로 정했다.

"네, 저도 임차인분의 심정을 충분히 이해합니다만 우선은 말씀하신 내용을 아버님께 전달해드릴게요. 아버님이 모든 권한을 가지고 계시거든요."

이런 방법을 쓴 이후로는 세입자가 내게 화를 내거나, 어리다고 무시하는 일은 일어나지 않았다. 오히려 어떤 세입자는 중간에서 수고한다며 고마워하기도 했다.

집을 매수하거나 매도하는 시점에도 "아버님이랑 통화했는데, 가격을 조금만 더 깎아야 가능할 것 같다고 하시네요." 혹은 "다들 이렇게 모이셨는데 죄송합니다. 저는 이 집이 맘에 쏙 드는데… 아버님이 워낙에 깐깐하셔서 좀 더 생각해볼 테니 일단 귀가하라 하시네요."라며 최종 결정권을 제3의 쿠션 인물인 아버지에게로 떠넘겼다. 그러면 모든 시선이 내가 아닌 부산에 계신 아버지에게 쏠리면서 자연스럽게 마음의 부담을 덜고 협상을 유리하게 이끌 수 있었다.

부동산 소장님과의 관계에서도 마찬가지다. 어리다고 얕보는 소장님께 "아버지가 투자할 물건을 찾아보라고 하셔서 대신 왔습니다. 지방에 계셔서 오시기 어려우니, 대신 제가 물건을 선택하면 돈을 보태주시기로 했거든요." 하고 물꼬를 틀면 자연스럽게 대화가 이어졌다.

그리고 소장님으로부터 매수 독촉 전화가 오면 이렇게 말했다.

"소장님, 이렇게 고생해주셔서 정말 감사합니다. 저는 당장이라도 계약하고 싶은데 아버지가 사진을 보시더니 수리비가 꽤 나올 거 같다고 좀 더 싸게 살 수 있으면 계약하겠다고 하시네요. 아버지가 좀 까다로우시거든요."

그러면 부동산 소장님도 "아이고, 아버님도 참. 더 싼 가격이 되려나… 매도인에게 한번 말씀드려볼게요." 하며 넘어가주셨다.

물론 이렇게까지 하지 않아도 관계를 매끄럽게 잘 끌고 가는 사람도 많다. 하지만 나의 경우 워낙 소심한 데다 불편한 상황이 늘어나수록 자신감까지 떨어져 불가피하게 이런 전략을 썼던 것이다.

데일 카네기의 『인간관계론』을 보면 논쟁에서 최선의 결과를 얻을 수 있는 유일한 방법은 그것을 피하는 것이라고 했다. 화가 난다고 상대방에게 필터링 없이 있는 그대로 감정을 쏟아내면, 상대방도 이에 질세라 화를 내게 되고 결국 둘의 관계는 걷잡을 수 없이 멀어진다. 이때, 내가 했던 것처럼 제3의 인물을 등장시켜보는 건 어떨까. 이 방법의 가장 큰 장점은 손해를 보는 사람이 없다는 것이다. 더불어 협상을 유리하게 끌고 나갈 수 있어 수백만 원, 아니 수천만 원까지 아낄 수도 있다.

# 디테일을 놓치는 순간
# 수천만 원이 사라질 수 있다

이제 한 단지 안에 있는 같은 평형, 같은 층수의 집이라 하더라도 향, 조망권 등에 따라 수천만 원의 가격 차이가 난다는 사실을 모르는 사람은 거의 없다. 하지만 부동산 투자를 하는 사람이라면 여기서 좀 더 나아가 디테일까지 살펴볼 필요가 있다.

먼저, 방의 개수와 관련해서 지인들에게 물어보면 다음과 같이 이야기를 하곤 한다.

"같은 평수라면 방이 많은 게 좋지. 남는 방은 옷방이나 창고로 써도 되고, 그만큼 활용도가 높잖아."

반면 이런 답변을 하는 사람도 있다.

"방 개수는 적더라도 방 하나하나가 좀 넓었으면 좋겠어. 방 한 칸 더 있으면 뭐해. 침대 하나 들어가기도 힘든데."

대전의 한 아파트는 같은 단지에 평수도 동일하지만 방 개수 차이로 실거래 매매 평균 가격이 3,000만 원이나 차이가 난다. 그렇다면 방 3칸짜리와 방 4칸짜리 중 가격이 더 높은 것은 무엇일까? 역시나 후자다. 분양 가격은 비슷했을지 몰라도 시간이 흐르면서 사람들의 선호도에 따른 가격 차이가 벌어진 것이다.

비단 이 아파트뿐 아니라 다른 아파트들도 같은 평수임에도 불구하고 방 개수와 화장실 개수에 따라 매매 가격에 차이가 존재한다. 물론 같은 평수의 집에 방 개수가 늘어나면 안방은 좁아지고 늘어난 방의 크기는 작아질 수밖에 없다. 그럼에도 사람들은 여분으로 생긴 방을 옷방이나 서재로 활용한다. 즉, 방의 개수가 많아진다는 것은 방의 활용도가 커진다는 것을 의미하며, 특히 젊은 세대일수록 방이 많은 부동산을 선호한다. 또한, 화장실이 2개면 특히 맞벌이 부부의 경우 아침에 각자 편하게 출근 준비를 할 수 있다. 그러다 보니 화장실이 1개인 매물보다 더 비쌀 수밖에 없다.


## 🏠 초·중학교, 지하철역과 더 가까운데 4,000만 원이 저렴한 이유

다음 페이지에 있는 경기도 신도시의 한 아파트 단지 지도를 살펴보자. 2701동과 2705동 중 어떤 동이 더 비쌀까? 상식적으로는 초등학교와 가깝고 지하철역과 가까운 2701동이 비싸야 한다. 그런데 시세를 확인해보면 2705동이 최대 4,000만 원까지 더 비싸다는 것을 알 수 있

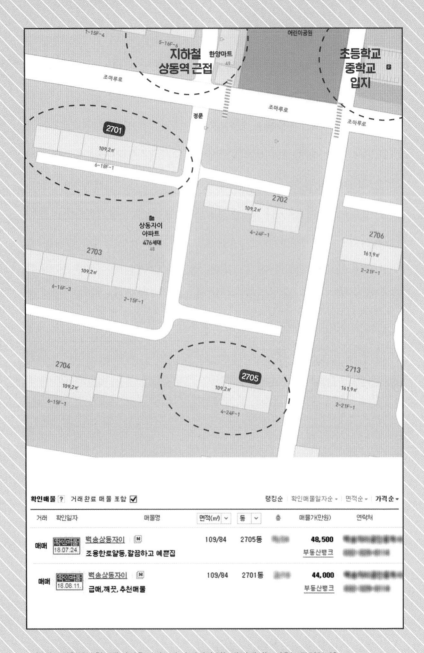

| 거래 | 확인일자 | 매물명 | 면적(㎡) ∨ | 동 ∨ | 층 | 매물가(만원) | 연락처 |
|---|---|---|---|---|---|---|---|
| 매매 | 확인매물 18.07.24 | 벽송상동자이 [N] 조용한로얄동,깔끔하고 예쁜집 | 109/84 | 2705동 | | 48,500 부동산뱅크 | |
| 매매 | 확인매물 18.06.11 | 벽송상동자이 [N] 급매,깨끗, 추천매물 | 109/84 | 2701동 | | 44,000 부동산뱅크 | |

▲ 분명 지하철역과 학교에 가까운 아파트가 더 비싸야 하는데 반대되는 이유는 무엇일까?

다. 이유가 무엇일까?

　해답은 아래 지도 안의 주황색 선에 있다. 바로 '서울외곽순환고속도로'다. 고속도로가 아파트 단지 인근에 있다는 건 살면서 소음과 먼지에서 벗어날 수 없다는 뜻이다. 이런 이유로 호수공원 조망이 가능해도, 지하철역이나 학교가 더 가까워도, 이 도로와 가까운 동, 호수(라인)일수록 집의 가격은 떨어진다. "이중창으로 새시 두면 되지, 도로 때문에 몇천만 원이나 차이가 나는 게 말이 돼?"라고 반문할 수도 있다. 하지만 실제로 살아보면 그 이유를 충분히 이해하게 될 것이다.

▲ 고속도로와 가까울수록 쾌적한 환경으로부터 멀어진다.

# 🏠 언덕배기 아파트의 저층은 특히 조심하자

모든 아파트가 평지에 존재하면 좋으련만, 언덕에도 꽤 많은 아파트들이 늘어서 있다. 문제는 언덕으로 인해 경사각이 생기는 경우다.

예전에 봉천동의 아파트 단지를 임장한 적이 있었다.

"어제 급급매 하나가 나왔어요, 지난주에 102동이 4억 5,000만 원에 팔렸는데, 어제 101동이 4억 3,000만 원에 나왔어요. 집주인이 해외로 나가게 돼서 급하게 나온 물건인데, 이거 사장님한테만 특별히 말씀드리는 거니깐 계약금부터 내시는 게 어때요?"

모든 조건이 같은데 3,000만 원이나 저렴하게 나왔다고 하니 속으로는 쾌재를 불렀다. 그러나 투자를 할 때는 언제 어디서나 의심, 조심해야 하는 법이다. 혹시나 하는 마음에 "한번 생각해보겠습니다."라고 답하고 나와 그 아파트의 101동에 찾아가보았다. 2층이었지만 언덕 위에 있어 저층 같아 보이지는 않았고, 바로 옆에 있는 102동과도 전혀 다를 바가 없었다.

그다음 나는 뒤쪽, 즉 부엌 쪽으로 향했다. 그리고 그제야 왜 그렇게 가격이 낮게 나왔는지 바로 이해할 수 있었다. 입구 쪽에서 봤을 때는 1층도 햇볕이 들어오는 남향이었지만, 사진과 같이 반대편 부엌 쪽은 전혀 달랐다. 맑은 날씨인데도 습기가 느껴졌고 곰팡이 냄새가 코를 찔렀다. 실제 집을 방문하여 부엌 쪽 창문을 열어보았는데, 때마침 창문에는 벌레 여러 마리가 줄을 지어 기어가고 있었다.

▲ 아파트 뒤쪽으로 가보니 음침한 수풀이 우거진 것을 확인할 수 있었다.

만약에 이런 단점을 알고도 매매를 감행하려 한다면 가격 협상 시 이런 단점을 최대한 활용해야 한다.

"집 인테리어는 너무 맘에 드는데요. 부엌 쪽이 반지하 느낌이라 망설여지네요. 104동에도 같은 가격으로 매매 가격이 나왔던데, 조금만 싸게 해주시면 안 될까요?"

101동 2층의 반지하 느낌의 단점을 알고 있는 매도인 입장에서는 당연히 가격을 깎아줄 수밖에 없다. 이유 있는 가격 흥정은 가격 협상을 유리하게 만들어준다는 점을 꼭 기억하자.

# 부동산 호갱님
# 탈출하기

　부동산 중개업소를 방문할 때 복장에 신경 쓰라는 말을 많이 들어 보았을 것이다. 하지만 나도 처음에는 이런 말에 전혀 신경 쓰지 않았다. 야구 모자를 쓰고 반바지 차림으로 들른 적도 있고, 비가 오는 날에는 슬리퍼를 신고 방문하기도 했다. 그런데 이런 옷차림으로 들어가면 대부분 씁쓸한 경험을 해야 했다. 내가 먼저 방문했음에도 중개업소 소장님이 뒤에 온 손님을 먼저 응대한 경우도 있었고, 중간에 받은 전화를 끊을 생각도 하지 않거나 퉁명스러운 태도를 보인 적도 있다.

　한번은 부동산업을 했던 지인에게 중개사가 실제 손님의 복장을 신경 쓰는지에 대해 물어보았다.

　"당연히 신경 쓸 수밖에 없지 않나요? 집 하나 계약하려면 집주인, 세입자한테 연락해서 약속도 잡아야 하고, 집 보러 방문할 때는 사무실도 비워야 하잖아요. 아무리 다이아몬드 반지가 좋다고 열심히 설명하면 뭐하나요? 딱 봐도 상대는 은반지 살 돈도 없어 보이는데. 굳이 헛수고하기 싫은 거죠."

그럼 어떤 복장을 하고 가는 게 좋을까? 투자할 만한 자금이 충분하다고 느낄 수 있게 금이라도 치렁치렁 둘러야 할까? 수십억 원의 유산을 상속받았다며 거짓말이라도 꾸며야 할까? 물론 '없어 보이는 것'보다야 낫겠지만, 이런 전략에도 부작용은 있다. '나 돈 좀 있는 사람이요'라고 노골적으로 어필하면, 인근 단지에 나와 있는 물건을 몽땅 다 보게 될지도 모른다. 투자할 돈이 넉넉하다고 하니, 최대한 많이 보여주고 어떻게라도 계약을 성사시키려는 소장님의 사심이 작동하게 마련이다. 또한 가격 협상을 할 때도 "200만 원만 깎아주시면 안 될까요?" 하는 눈빛이 통하지 않게 된다. 따라서 누가 봐도 튀지 않고 단정한 수준의 복장이 가장 적당하다.

부동산 사무실 한번 가는데 복장까지 신경 써야 하느냐고 반문할 수도 있지만, 부동산 투자는 억대의 돈이 왔다 갔다 하는 큰 투자다. 결국 그 손해는 오로지 본인이 감당해야 한다는 점을 생각했을 때, 복장을 챙기지 않을 이유는 없다.

## 🏠 부동산 중개업소는 사람에 따라 달라진다

이밖에도, 부동산 중개업소 방문 시 알아두면 유익한 노하우에는 어떤 것이 있을까? 먼저 임차인이냐 임대인이냐에 따라 부동산 중개업소에서 말하는 시세가 다르기 때문에 친구를 시켜서라도 양쪽 콘셉트로 가장해서 물어봐야 정확한 시세와 거래 동향을 파악할 수 있다. 만약 전세로 나와 있는 매물이 많고 거래도 제대로 이뤄지지 않고 있다면, 매수 시점 자체를 연기해야 한다. 또한, 전세가 귀한 시점에는 전세 가격을 시세에 맞게 올려 투자금을 아낄 수도 있어야 한다. 전세 시세, 전세 거래 파악을 제대로 하지 못하면 '부동산 호갱님(어수룩하여 이용하기 좋은 손님을 지칭하는 신조어)'이 될 수 있으니 주의해야 한다.

그리고 나의 경우에는 두 집만 보여달라고 하는 일이 많다. 쓸데없는 시간을 아끼기 위해서다. 어차피 가성비가 가장 좋은 집은 정해져 있다. 선택지가 많아지면 혼란만 가중될 뿐이다. 따라서 '이런 건 투자하지 않는다'와 같은 자신만의 투자 조건에 대해 미리 말해두는 것도 좋다.

그 외에도 부동산 호갱님에서 탈출하기 위해 필요한 태도는 한 가지 매물에만 집착하지 않고 관심사를 분산시키는 것이다. 소위 '어장 관리'가 연애에는 독이 되지만, 부동산에서는 득이 되기도 한다.

투자하고 싶은 아파트가 딱 하나뿐이라면 자기도 모르게 그 물건에 집착하게 되면서 조급증이 생긴다. 그런 상황에서 "이렇게 좋은 집은 다시는 나오지 않아요. 어제 이거 보고 가신 분이 500만 원은 더 내고 사고 싶다고 하셨는데, 이따 오실 거니깐 그전에 결정내리세요."라는 한마디를 들으면 계약서에 냅다 사인을 하게 될 수도 있다.

반면 미리 투자하려고 마음먹은 집이 여러 채가 있을 때는 마음이 느긋해진다. 여러 대안 중 하나만 빠지는 것이니, 계획에 없던 충동적인 행동을 하지 않게 된다. 위와 같은 말을 들어도 "500만 원 더 낸다고 하신 분이 계약을 안 하겠다 하시면 그때 연락 부탁합니다. 제가 생각한 가격 이상으로는 부담이 되거든요."라고 쿨하게 말하고 기다리면 된다. 그러고 나면 보통은 연락이 다시 온다.

아마 요즘에는 공동 중개망을 통해 A부동산이나 B부동산이나 같은 매물, 같은 가격으로 중개를 한다는 말을 종종 들었을 것이다. 하지만 이는 반은 맞고 반은 틀린 말이다. 대부분의 매물을 공동 중개망에 올리는 건 맞지만, 특히 부동산 활황 시즌이 되면 중개업소는 자기네만 가지고 있는 좋은 매물을 따로 숨겨두기도 한다. 좋은 매물이면 어차피 중개하자마자 나갈 텐데, 굳이 공동 중개망에 올려 수익을 쪼갤 이유가 없기 때문이다.

또, 공동 중개망에 올라 있는 매물이라 해도, 그 매물을 어디서 처음 올렸는지를 알아야 가격 깎기가 수월해진다. 중개업소 입장에서도 본인이 직접 연락을 받은 매물이 아니라면 매도인이 어떤 이유로 이집을 팔게 되었는지, 얼마나 급한 건지 제대로 알지 못한다. 반면 이 정보를 처음 올린 부동산은 매도인과 직접 통화를 했으니, 매도인의 사정을 다 알고 있다. 이런 '원발 부동산'에 접근해야 가격 협상이 쉽다. 중개업소 사장님도 본인 매물이니 매도인 복비, 매수인 복비, 새로 들어올 전세 복비까지 100퍼센트 다 받을 수 있어 거래에 적극적으로 가담하게 된다.

부동산 매물을 검색해보면 분명 똑같은 집인데도 여러 중개업소에서 올려놓은 것을 흔히 볼 수 있다. 여기서 정보를 올린 날짜가 가장 빠른 곳에 연락해서 물어보면 "그거 우리 부동산 물건이에요."라고 하는 경우가 많다. 직접 부동산을 방문해보든, 전화로 사장님을 살짝 떠보든 원발 부동산을 찾아야 가격 협상에 유리해진다.

심지어 아직 거래가 되지 않은 매물임에도, 본인 매물이 아니라는 이유로 "그 집 이미 계약됐어요. 그리고 집주인이 그 가격 아래로는 절대 안 판다고 하네요."라며 거짓말을 하는 소장님도 있었다.

마지막으로 계약서에 사인하는 날에는 고양이 같은 눈망울로 이렇게 부탁해보자.

"제가 신혼부부입니다. 어려운 형편에 결혼 준비하느라 돈이 좀 많이 부족해서요… 열심히 살라는 의미로 100만 원만 깎아주실 수 있을까요?"

의외로 이 시점에 매도인이 가격을 잘 깎아준다. 300만 원짜리 오토바이를 사면서 100만 원을 깎아달라고 하면 도둑놈 같아 보이지만, 3억 원이라는 큰 액수 앞에서 100만 원은 상대적으로 작아 보이게 마련이다. 100만 원이 아니라 50만 원이더라도 사정할 이유는 충분하다. 말 한마디에 이런 돈을 어디 가서 얻을 수 있겠는가.

# 부동산 호갱님 탈출을 위한 1분 레시피

## 1. 법무사 호갱님 탈출 1분 레시피

주택을 매수하는 계약서를 쓰고 잔금을 치르고 나면 그 집이 곧바로 내 집이 될까? 아직 남아 있는 관문이 있다. 바로 매수한 주택을 내 명의로 바꾸는 '소유권 이전 등기' 절차를 거쳐야 한다. 10종이 넘는 복잡한 서류를 준비해서 구청, 은행, 등기소 등을 방문해야 한다. 물론 혼자서도 가능한 일이지만, 억대의 계약이 오고가는 거래이다 보니 전문가에게 비용을 지불하고 절차를 위임하는 경우가 많다.

처음 집을 계약했을 때는 아는 법무사가 없다 보니 부동산 중개업소 소장님이 추천해준 분에게 의뢰했다. 연락해서 대행 비용이 얼마인지 물어보니, 소장님 부탁으로 정말 싸게 견적을 냈으니 한번 보라며 연락이 왔다. 솔직히 당시에는 관련 용어들도 복잡한 데다 어차피 다 들어가야 하는 비용이라 여겨 별로 신경 쓰지 않았다. 그런데 두 번째 집을 계약할 때야 알 았다. 정말 싸게 견적 낸 거라 말하기엔, 다소 무리가 있는 금 액이었다는 사실을 말이다.

처음에는 영수증만 봐도 복잡하게 느껴지겠지만 집을 구매하고 실제 내야 하는 부분만 기억하면 된다.

**1) 취득세:** 일정한 자산의 취득에 대해 부과되는 조세

**2) 교육세:** 교육 재정의 확충에 필요한 재원을 확보하기 위한 조세

**3) 농어촌특별세(농특세):** 농어업 경쟁력 강화를 위한
투자 재원을 확보를 목표로 하는 목적세

**4) 국민주택채권:** 정부가 국민주택사업에 필요한
자금 조달을 위해 발행하는 채권

**5) 인·증지대:** 인지대는 재산에 관한 권리 등의 창설 이전 또는
변경에 관한 계약서 혹은 이를 증명하는 그밖의 문서에 대해 부과하는
세금. 증지대는 관공서나 공공기관에서 발급하는 각종 서류에 대한 수수료

그 외 나머지 누진세, 보수료, 여비일당, 등록대행, 교통비 등은 법무사 비용에 해당된다고 이해하면 쉽다.

실제 법무사 대행으로 들어간 비용을 비교해보면 70만 원, 12만 원, 56만 원으로 비싼 곳과 싼 곳의 차이가 심지어 60만 원가량 난다. 물론 적당한 수고비를 드려야 하는 건 맞지만, 과도한 수수료를 낼 필요는 없다.

가장 좋은 방법은 실제로 내야 하는 부분을 미리 계산해 본 후 나머지 누진세, 보수료 등을 합하여 여러 법무사 사무 실에 견적을 내달라고 문자를 보내는 것이다. 특별히 아는 법 무사가 없다면 다음과 같이 찾아보면 된다.

**1) 담보대출 은행에서 나오는 법무사**

**2) 부동산 소장님이 추천하는 법무사**

**3) 인터넷 어플 '법무통' 활용**

**4) 인터넷 검색을 통해 나오는 지역 법무사**

이렇게 여러 곳의 사무실을 섭외하여 아래 그림처럼 똑같 은 문자를 돌리고 견적을 내면 돈을 아낄 수 있다. 전화로 물 어보면 확실한 금액을 숨기는 곳이 많은데, 이런 곳은 과감히 제외하자. 전화통화에서 말하지 않았던 추가 금액이 나중에 튀어나오는 경우가 허다하니 확실하게 문자로 받아두는 게 좋다. 특히 '추가 금액 부분까지'라는 말을 남기는 것을 잊지 않도록 한다.

> 안녕하세요. 등기 대리 신청 견적 의뢰드립니다.
> 경기도 성남시 구미동 ○○아파트 1004동 1004호, 매매 금액은 2억 8,200만 원입니다.
> 취득세(282만 원)+교육세(28만 2,000원)+채권(22만 2,000원)+인/증지대 (16만 5,000원)
> 이 부분을 제외한 나머지 법무사 대행 비용(누진세, 보수료 등) 및 혹시 나중에 이야기해주실 추가 금액 부분까지 총 얼마일까요?

여기서 채권 금액은 인터넷 검색으로 3분이면 찾을 수 있다. 가장 쉬운 방법은 다음과 같다.

## 채권 금액 3분 미니 레시피

**Step1 주택도시기금 접속하여 채권매입금액 확인**
▶ http://nhuf.molit.go.kr

[청약/채권] 클릭 ▶ [제1종국민주택채권] 클릭 ▶ [매입대상금액조회] 클릭
▶ [매입용도] 선택 ▶ [대상물건지역] 선택 ▶ [시세표준액] 박스 클릭 ▶
공동주택공시지가 확인 가능

▶ 이것이 곧 '채권매입금액'으로 이 숫자를 따로 기록해둔다.

**Step2 실제부담금 조회**

다시 홈페이지에서 [청약/채권] 클릭 ▶ [제1종국민주택채권] 클릭 ▶
[고객부담금조회] 클릭 ▶ [발행금액] 칸에 앞에서 찾은 채권매입가격 입력
▶ 즉시 매도 시 본인 부담금 확인 가능

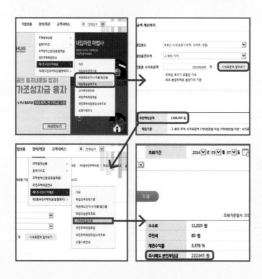

## 2. 세금 호갱님 탈출 1분 레시피

부동산과 세금은 불가분의 관계에 있다. 어려운 부분까지 파고 들기 시작하면 처음부터 막히는 게 세금이다. 그러나 포기하지 말고 간단히 이것만이라도 살펴보자.

### 1) 취득세율(농어촌특별세포함)

| | 매매 가격 | 전용기준 | 세율 |
|---|---|---|---|
| 아파트 | 6억 이하 | 85㎡ 이하 | 1.1 % |
| | | 85㎡ 초과 | 1.3 % |
| | 6억 초과~9억 이하 | 85㎡ 이하 | 2.2 % |
| | | 85㎡ 초과 | 2.4 % |
| | 9억 초과 | 85㎡ 이하 | 3.3 % |
| | | 85㎡ 초과 | 3.5 % |
| | 오피스텔 / 상가 / 입주권 | | 4.6 % |

▲ 매매 가격에 따른 취득세율

**2) 재산세 팁** 매해 6월 1일을 기준으로 소유주에게 부과하므로 당해연도 재산세를 피하려면 5월 31일 이전에 양도하거나 6월 1일 이후에 취득하면 된다. 재산세는 1년에 2회(7월, 9월) 분할 부과한다.

**3) 종합부동산세 팁** 재산세보다 무거운 세금이 종합부동산세(이하 '종부세'로 표기)다. 1가구 1주택은 9억 원 이상인 경우

에만 과세되지만 1가구 2주택부터는 합계 6억 원 이상만 되어도 종부세 대상자가 된다.

하지만 1가구에서 12억 원까지도 종부세 대상이 되지 않게 할 수 있다. 바로 부부 공동 명의를 활용하는 것이다. 종부세는 인당 과세를 물리는 것이므로 부부 공동 명의를 활용하면 1인당 6억 원, 부부 최대 12억 원까지 종부세 부담에서 벗어날 수 있다. 종부세를 생각하지 않고 부동산 수만 늘리다가 어느 날 몇 달치 월급에 해당하는 세금 폭격을 당할 수 있으니 여러 채에 투자할 계획이라면 처음부터 공동 명의로 할 것을 추천한다.

### 4) 가장 중요한 양도소득세 팁

**일시적 1가구 2주택 활용**  이사를 목적으로 주택을 한 채 더 사는 경우, 처음 주택을 취득하고 1년 뒤에 두 번째 주택을 취득했을 때 기존 주택을 3년 이내에 팔면 양도세가 비과세가 된다. 양도세는 세금 중 가장 많은 비중을 차지하는 부분이라 주택 구입 시 꼭 기억하도록 하자.

**양도 차익이 작은 주택부터 팔아야 한다**  가령 2주택일 때 양도 차익이 작은 주택을 먼저 팔아야 양도세가 적게 나온다. 그리고 나머지 주택 한 채는 자연스레 1가구 1주택 비과세 혜택을 받을 수 있다.

**부부 공동 명의를 활용하라**  앞서 말했듯이 부부 공동 명의를 활용하면 종부세 혜택을 받을 수 있으며 더불어 양도세 혜택도 누릴 수 있다. 두 가지 모두 인당 과세라 둘로 나누면 세금이 줄어들기 때문이다. 아래의 표를 보면 양도 차익이 1억 원일 때 양도소득세는 약 1,900만 원이지만 부부 공동 명의로하면 인당 약 600만 원씩(양도 차익 5,000만 원씩), 총 1,200만 원정도가 된다. 이처럼 명의만 공동으로 했을 뿐인데 700만 원의 절감 효과를 누릴 수 있는 것이다.

**Case** **6억 원 매수하여 7억 원 매도한다고 가정할 때** (양도 차익 1억 원)
**단독 명의와 공동 명의 비교**

| 항목 | 단독 명의 | 공동 명의(지분 50:50) |
|---|---|---|
| 양도 차익 | 1억 원 | 동일 1억 원<br>(5,000만 원×2명) |
| 인적 공제 | 250만 원 | 500만 원<br>(각각 250만 원) |
| 과세 표준 | 9,750만 원 | 9,500만 원<br>(4,750만 원×2명) |
| 양도소득세 | 1,922만 원 | 618만 원 |

**'적자 주택 + 흑자 주택'을 묶어서 같은 해에 팔아라** 양도소득세는 당해연도 합산으로 결정된다. 만약 흑자를 본 두 채를 같은 해에 팔면 그만큼 양도소득세 구간이 높아져 세금이 많아진다. 따라서 흑자가 크게 난 주택을 팔 때 같은 해에 적자를 본 주택을 함께 처분하면 양도소득세 구간이 낮아지기 때문에 자연스레 절세 효과를 누릴 수 있다.

3부

실전에서 쌓은
지식을
내 것으로 만들기

**6장**

다지기

실전에서 깨달은
잃지 않는 부동산 투자의 원칙

# 부동산 가격을 결정하는 첫 번째 열쇠는 '수요공급의 법칙'이다

매년 1,000포기씩 수확되던 배추가 날씨의 영향으로 200포기만 수확되었다. 즉, 원하는 사람은 일정한데 배추의 양이 5분의 1로 줄었다. 그렇다면 김장철에 배추 가격은 어떻게 될까? 당연히 상승한다. 한편 배추의 가격이 오르자 너도나도 배추 농사를 짓는 바람에 풍년이 들어 원래 수확량의 5배인 5,000포기가 수확되었다. 이번에는 원하는 사람은 일정한데 배추의 양이 5배가 늘었다. 배추 가격은 어떻게 될까? 당연히 하락한다.

이는 누구나 상식적으로 잘 알고 있는 '수요공급의 법칙'에 관한 이야기로, 이 원리는 당연히 부동산 시장에도 적용된다. 그것도 부동산 가격을 결정하는 가장 중요한 첫 번째 원칙이라 할 수 있다. 지금부터 경기도 화성에 사는 김 대리의 이야기를 들어보면 더 쉽게 이해하게 될 것이다.

착실히 직장 생활을 하고 있던 김 대리는 '4,000만 원만 있으면 아파트 두 채도 매매할 수 있다'는 지인들의 이야기에 귀가 솔깃했다. 2016년 3월 경기도 화성시 능동 지역 A아파트의 매매 가격은 3억 원, 전세 가격은 2억 8,000만 원이었다. 그야말로 전세 대란이 일어나 집 주인이 부르는 대로 전세가의 시세가 되었다. 더군다나 A아파트는 입지도 좋았다. 차로 5분 거리에 대기업도 있었고, 도보 5분 거리 이내에는 초등학교 및 서울로 가는 광역버스 정류장에 아이들이 뛰어놀 수 있는 큰 공원까지, 뭐 하나 빠지지 않았다.

김 대리는 절호의 기회라 판단하고 과감히 행동에 옮겼다. 3년간 모아둔 전 재산 4,000만 원을 몽땅 투자해 아파트 두 채를 산 것이다. 예상대로 투자 후 전세 가격은 상승했고, 김 대리는 흥에 겨웠다.

그리고 2년 뒤 재계약 시점이 돌아왔다. 그런데 당연히 계약 연장을 할 거라 예상했던 세입자들이 다른 지역에 아파트를 얻어 이사를 가야 한다며 전세금을 돌려달라 했다. 김 대리는 그제야 부동산에 전화를 걸어 전세 시세를 물었다. 2년 전에 전세 가격이 2억 8,000만 원이었으니 지금쯤이면 3억 원은 되어 있을 거라 예상했는데, 돌아온 답변은 충격적이었다.

"지금 전세 놓기 힘들어요. 최근 전세 거래 가격이 2억 원까지 떨어졌거든요."

김 대리는 눈앞이 깜깜했다. 전세를 놓아야 하는 집이 두 군데나 있으니 채당 8,000만 원, 그러니까 총 1억 6,000만 원을 내줘야 하는 것이다. 전세 가격은 거품도 없을 뿐 아니라 언제나 우상향한다고 하지

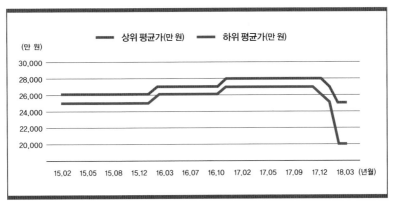

▲ 경기도 화성시 능동 지역 A아파트의 전세 가격 그래프. 2016년까지 전세 가격이 2억 8,000만 원까지 상승하였는데 2017년 하반기를 지나 2018년 전세 가격은 2년 전보다 8,000만 원이 떨어져 2억 원이 되었다.

않았던가. 그런데 황금 입지를 가진 A아파트에는 왜 이런 일이 일어났을까?

사실 이곳은 김 대리가 투자를 결심했던 2016년에도 이미 위험 신호가 감지되었던 곳이었다. 그리고 이미 많은 전문가들이 아파트 입주 물량이 쏟아짐에 따라 2년 뒤 전세 가격이 하락할 수 있다고 경고하기도 했다. 하지만 김 대리는 부동산 시장에 있어 가장 중요한 수요공급의 법칙을 무시했고, 결국 첫 투자에서부터 엄청난 시련을 겪게 됐다.

## 🏠 부동산 입지보다 수요공급의 법칙이 중요할까?

다시 수요공급의 법칙 이야기로 돌아가보자. 배추의 수확량이 평균

보다 5분의 1 정도 줄어 원래 배추 가격인 2,000원보다 5배가 껑충 뛰면서 포기당 1만 원에 거래되었다. 더불어 못난이 배추도 8,000원에 팔렸다. 하지만 이듬해에는 수확량이 5배가 늘어난 바람에 배추 가격이 5분의 1토막이 났고, 포기당 400원으로 거래되었다. 그러다 보니 무공해 배추뿐 아니라 싱싱하고 실한 배추 가격도 1,000원을 넘지 못했다. 이처럼 배추의 수확량에 따라 가격대가 결정되면 싱싱한 배추는 비싸게, 못난이 배추는 그보다 좀 더 싸게 가격이 정해진다.

부동산도 마찬가지다. 부동산 가격은 가장 먼저 수요공급의 법칙에 의해 결정난다. 그리고 나서 입지가 좋은 곳은 상대적으로 더 오르고, 입지가 안 좋은 곳은 상대적으로 덜 오른다. 따라서 입지가 아무리 좋은 곳이라도 공급이 넘친다면 가격은 서서히 하락하게 된다.

2009년 부산, 2011년 대구, 2013년 수도권, 2015년 서울 부동산 가격 상승에 가장 큰 원인이 되었던 것 또한 바로 이 '수요와 공급'이었다. 강남의 입지가 갑자기 나빠져서 2009년부터 시세가 하락한 것도 아니었고, 입지가 갑자기 좋아져서 2015년부터 상승한 것도 아니었다. 아파트가 아무리 KTX역과 가깝고 바다가 보이는 조망에 학군이 좋더라도 공급량이 넘쳐나면 무용지물이다.

# 부동산의 가치를 결정하는 다섯 개의 열쇠

우리는 이미 같은 서울 안에 있는 부동산도 지역별로 시세가 다르다는 점을 잘 알고 있다. 그렇다면 왜 같은 서울 안에서도 강남구의 부동산 가격이 강북구보다 더 크게 오르고, 같은 1기 신도시 안에서도 왜 분당의 부동산 가격이 일산보다 더 크게 오르는 걸까? 이에 대해서는 다음과 같이 요약하고 싶다.

"수요와 공급은 부동산 가격을 결정하고, 부동산 입지는 부동산 가치를 결정한다."

강의를 들으러 가면 실제로 많은 전문가가 입지에 대해 앵무새처럼 똑같이 이야기한다.

"부동산은 첫째도 입지, 둘째도 입지, 셋째도 입지입니다."

도대체 입지는 무엇이며, 왜 그토록 중요한 걸까? 입지가 좋다는 것은 간단하게 말하면 나 혼자만 살고 싶은 곳이 아니라 많은 사람이 너도나도 살고 싶어 하는 곳이라는 뜻이다. 이런 곳일수록 다른 곳의 부동산 가격이 오를 때 '더' 오르고, 다른 곳의 가격이 내릴 때는 '덜' 내리는 마법 같은 힘을 발휘한다. 그만큼 실수요자들이 많이 찾는 곳이기에 안정적인 수익을 보장한다.

아래의 그래프는 2015년 입주한 동탄역 근처 B아파트 전용 84㎡의 시세를 나타낸 것이다. 입주 이래 가격이 꾸준히 상승하면서 2018년 7월 매매 가격은 8억 원까지 올랐다. 이 아파트로부터 불과 8킬로미터 떨어진 곳에 대형 건설사의 6,000세대 매머드급 D아파트 단지가 입주를 시작했는데 분양 가격은 2억 7,000만 원(전용 84㎡)이었다. 그런데 이상하지 않은가? 신축 아파트에 대형 건설사가 분양하는 아파트인데 2015년에 입주한 B아파트보다 5억 원 이상 저렴하다. 그렇다면 명실상부 저평가된 것은 아닐까?

입주를 시작한 지 한 달이 지난 지금, 실제 거래되고 있는 D아파트의 분양권 가격을 살펴보자. 놀랍게도 프리미엄이 마이너스다. 분양

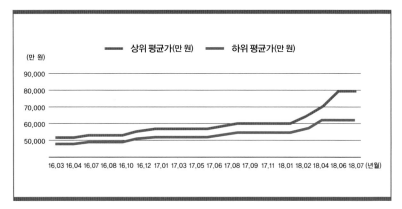

▲ 동탄역 B아파트 전용 84㎡ 매매 가격

가가 저렴한데 프리미엄이 마이너스라니, 시작부터 대략 3,000~4,000만 원이 하락해 버렸다. 대규모 아파트가 인근 신도시 아파트 가격에 비해 5억 원이나 싸게 들어서는데 도대체 무엇 때문에 마이너스 프리미엄이 형성되었을까?

| 공급/전용면적 (전용률 74.5%) | ⬓단위 |
|---|---|
| **113.08/84.23** ㎡ | |

| | |
|---|---|
| 분양가 | 27,260 만원 |
| 프리미엄 | -2,800 만원 |
| 융자금 | - 만원 |

▲ 입주 시작 후 한 달이 지난 시점의 D아파트 프리미엄

천천히 살펴보자. 먼저, D아파트의 인근에는 직주근접에 해당하는 대규모 일자리가 없다. 게다가 교통 역시 불편하다. 논밭으로 둘러싸인 땅에 대규모 아파트가 들어서다 보니, 인프라도 갖춰져 있지 않다. 우선은 이 아파트가 들어서고 나서 생겨나는 상권에 만족해야 한다. 하지만 이 또한 제대로 갖춰지기까지 꽤 오랜 시간이 걸릴지도 모른다. 그러니 입주하고 나서도 상당 기간은 대형 마트, 학원가, 관공서, 대형 병원 등을 이용하기 위해 자가용을 이끌고 인근 신도시까지 이동해야 한다. 물론 워낙 큰 대단지 세대이니, 시간이 흐르면 인프라도 차차 갖춰지고 처음보다는 훨씬 더 살기 좋은 동네로 거듭날 것이다. 다만 그전까지는 불편하게 살아야 한다. 따라서 만약 실거주가 아닌 오직 투자 목적으로 접근했다면 악몽 같은 현실을 맞닥뜨려야 할지도 모른다.

이것이 바로 부동산 입지의 힘이다. 이렇게 되면 입주 시 프리미엄을 받고 팔려고 했던 투자자들은 발을 동동 구를 수밖에 없다. 그러나

이 아파트를 분양받았던 당시에 부동산 입지에 대해 제대로 이해하고 있었다면, 이런 곳에 일부러 투자하지는 않았을 것이다. 평생 거기서 거주할 게 아니라면, 즉 언젠가 남에게 팔아야 한다면 입지에 대해서는 반드시 알아둬야 한다.

지금부터 입지가 좋은 곳을 알아볼 수 있는 다섯 가지 열쇠에 대해서 알아보도록 하자.

## ⌂ 첫 번째 열쇠, 직주근접

앞에서 언급했듯이 직주근접이란, '직장과 주거가 얼마나 근접해 있는가'를 말한다. 직원이 100명인 중소기업에 인접한 아파트와 직원이 1만 명인 대기업과 인접한 아파트, 둘 중 찾는 이가 많은 곳은 어디일까? 쉽게 말해, 중소기업 근처의 아파트는 그 기업의 근로자 수만큼, 즉 최소 100명이 살고 싶어 할 테고, 대기업 근처 아파트에는 최소 1만 명이 살고 싶어 할 것이다. 살고 싶어 하는 사람이 많다는 건 그만큼 실수요자가 많다는 뜻이다. 초기 분양가는 동일했으나 이 직주근접에 의해 가격 차이가 극명하게 벌어진 사례는 어렵지 않게 찾아볼 수 있다.

1기 신도시가 생길 당시 일산에 있는 아파트와 분당에 있는 아파트 시세를 보면 일산 아파트의 가격이 더 높았음을 알 수 있다. 그러다 어느 순간부터 분당 아파트 가격이 일산 아파트를 제치고 뛰어오르더니 같은 평형을 기준으로 5억 원 이상의 차이가 벌어졌다. 당시 많은 사람이 이 현상에 대해 이해하지 못했다. 아무리 봐도 일산 신도시가 더 좋아 보였기 때문이다. 넓디넓은 호수공원, 서울 시내를 관통하는 지하철과 광역버스, 서울 어디와 비교해도 뒤처지지 않는 학군과 학원가 등 분당과 비교했을 때 가격이 밀리는 이유를 찾아보기 어려웠다.

그럼에도 왜 일산 신도시와 분당의 시세 차이는 몇 배나 벌어졌을까? 그 이유가 바로 직주근접 때문이었다. 1990년대까지만 해도 한국의 업무 중심지는 광화문, 태평로, 명동 일대였다. 하지만 IMF 외환 위기 이후 벤처붐이 일면서 테헤란로가 급성장했고 한국 최고의 업무 중심지는 강남이 되었다. 대기업 종사자 수만 해도 전국 최고 수준이다. 그만큼 강남 아파트값이 천정부지로 치솟다 보니 강남에 출퇴근하는 직장인들은 그나마 강남과 가까우면서도 깨끗한 신도시를 찾았다.

그렇게 모인 곳이 바로 강남과 인접한 분당 신도시였다. 사실 드넓은 공원, 편리한 지하철, 좋은 학군, 이런 것들은 없어도 어떻게든 살 수 있을지도 모른다. 하지만 내 생계와 밀접한 직장은 어떤가? 이건 있으면 좋지만, 없어도 그만인 문제가 아니다. 그렇기 때문에 아무리 살기 좋은 신도시라 하더라도 대규모의 일자리가 없다면 부동산의 가치를 올리는 데에는 한계가 있다.

생각해보자. 회사의 위치에 따라 집을 옮기는 사람은 많아도, 거주하는 집의 위치에 따라 회사를 옮기는 사람은 보기 어렵지 않은가.

## 🏠 두 번째 열쇠,
## 편리한 대중교통

　강남에서 10킬로미터 떨어진 곳과 20킬로미터 떨어진 곳 중 어떤 곳이 강남으로 출퇴근하는 시간이 짧을까? 거리로만 따지면 강남과 더 가까운 전자일 것이다. 하지만 이는 대중교통이 존재하지 않던 시절의 이야기다. 지금은 아무리 20킬로미터 이상 떨어진 곳이라도 잘 닦인 도로망이 있거나 러시아워에도 막힘없는 지하철 노선이 있다면, 10킬로미터 떨어진 곳보다 20킬로미터 떨어진 곳에 더 빨리 도달할 수도 있다. 즉, '절대 거리'보다 '상대 거리'가 더 중요한 시대다.

　수도권의 대중교통 이용 비율은 50퍼센트가 넘는다. 그러다 보니 출퇴근 시간은 그야말로 '지옥철'이다. 만약 내가 늘 타고 다니는 지하철이 콩나물시루와 같이 붐빈다면, 일자리가 많은 업무 중심지를 관통하는 황금 노선을 타고 있다는 뜻이다.

　7대 도시 통행수단별 수송분담률(당해 교통수단 또는 일정 교통구간에 대해 교통수단별로 분담하는 여객 및 화물의 수송비율을 일컬음)에서 철도(전차, 열차)에 해당하는 부분만 살펴보자. 서울은 21.6퍼센트, 부산은 10.3퍼센트로 서울이 부산보다 철도 이용률이 두 배나 높다. 그만큼 대중교통의 중요도가 크다는 뜻이다. 하지만 그 외 지역은 그렇지 않다. 대전, 광주, 대구는 5퍼센트 내외이고, 특히 대전은 3.1퍼센트, 광주는 1.4퍼센트로 최저 수준이다. 전철 이용율이 타지역에 비해 현저히 낮다는 말이다.

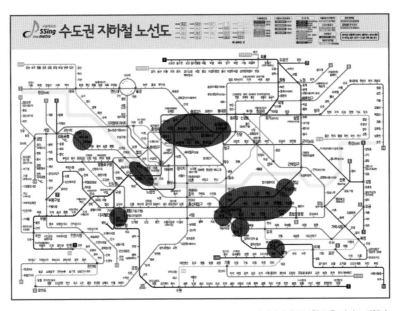

▲ 필자가 수도권 지하철 노선도 이미지를 다운로드하여 파워포인트에서 일자리가 풍부한 곳을 직접 표시했다.

위의 수도권 지하철 노선도에서 빨간 원으로 표시한 부분이 사람들이 많이 몰리는 곳으로, 이를 통해 우리 집 앞에 있는 지하철 노선의 가치를 알아볼 수 있다. 대규모 일자리가 있는 강남권, 서울 도심권, 여의도권역, 그 뒤를 잇는 마곡권역, 디지털권역(가산, 구로)을 관통하는 횟수가 많을수록 그 지하철은 황금 노선이다. 즉, 집 앞에 지하철역이 새로 생긴다고 해서 무조건 다 높은 가치를 창출하는 건 아니다. 자세히 살펴보면 황금 노선이라 불리는 9호선은 마곡권역~여의도권역~강남권역, 이렇게 무려 세 곳을 관통하는 반면, 6호선은 대규모 일자리를 거의 관통하지 않는다는 것을 알 수 있다. 그리고 이렇게 '얼마나 많은 업무 중심지를 관통하느냐'가 아파트 시세에도 영향을 미친다.

# ⌂ 세 번째 열쇠,
## 맹모삼천지교 학군

부동산 소장님을 만나면 종종 명문고와 명문대가 근방에 있다며 학군 투자를 권유하는 분들이 있다. 그런데 한번 생각해보자. 외국어고등학교, 과학고등학교, SKY(서울대, 고려대, 연세대) 대학이 내 집 앞에 있다고 해서 우리 아이가 이곳에 무조건 입학할 수 있을까? 이런 학교들은 엄청난 경쟁률을 뚫은 학생들에게만 입학 자격을 부여하며, 그러한 학생들이 전국 각지에서 몰려든다. 따라서 그 학교가 있는 동네에 살고 있다고 해서 입학 자격을 부여받을 수 있는 건 아니다.

반면, 내 아이가 성적과 무관하게, 근처에 거주만 해도 명문 학교에 갈 수 있는 자격이 주어지는 곳도 있다. 그게 바로 초등학교와 중학교다. 그러니 유명 학교에서 자녀가 공부하길 원한다면 방법은 간단하다. 그 근처로 이사를 가면 된다.

그러나 문제는 항상 돈이다. 너도나도 가고 싶어 하니 집값은 둘째치고, 전세 가격도 만만치가 않다. 따라서 이런 곳은 새 학기가 시작될 쯤, 전세 매물마저 자취를 감춰버린다. 이러니 자녀 교육에 그 어떤 나라보다 열성적인 한국에서는 학군 요소를 고려하여 투자를 하면 적어도 손해를 보지는 않는다.

전국 학군 순위를 검색하면 많은 자료들을 찾아볼 수 있는데, 보통 두 가지 유형으로 추릴 수 있다.

**1) 국가수준 학업성취도 평가 순위**

**2) 특수목적고등학교(특목고) 진학 순위**

나는 자격을 부여받은 학생만이 들어갈 수 있는 특수목적고등학교 진학 순위보다는 학교 전체의 면학 분위기를 파악할 수 있는 국가수준 학업성취도 평가 순위를 더 중요시한다.

학군을 고려하여 투자할 때 고려해야 하는 다른 부분은 바로 아파트 평수다. 학군이 좋은 곳으로 일부러 찾아가는 가구에는 초등학교, 중학교를 다니는 아이가 있다고 해석할 수 있다. 아이가 한 명 내지 두 명이 있다고 하면 아무래도 10평, 20평대보다 30평대 이상의 집을 선호할 확률이 높다. 그래서 학군이 좋은 지역을 찾아보면 인근 아파트가 대부분 30평대 이상인 중대형으로 이루어진 단지가 대부분이다.

간단하게 정리하면 학군 투자는 '중학교 학업성취도 평가 순위 및 30평대 이상 아파트 단지'를 찾는 것에서 시작된다. 아이 대입을 위한 전초전은 보통 중학교 때부터 시작되기 때문이다. 또한 중학교까지는 근거리 원칙에 의해 배정되므로 아이가 어떤 환경에서 공부를 하느냐는 어디에 사느냐에 따라 달라진다고 해도 과언이 아니다.

학군에 관한 가장 기본적인 정보는 '학교알리미'라는 사이트를 통해 확인 가능하다. 국가수준 학업성취도 평가에 관한 사항을 보면 국어·영어·수학 성적의 비율을 통해 전반적인 면학 분위기를 예상해볼 수 있다. 보통 수학 과목이 90점 이상이면 명문 학군으로 본다.

인터넷 검색창에 '중학교 국가수준 학업성취도 평가'라고 입력하

면 아래와 같은 표 하나가 나온다. '2014년 전국 중학교 국가수준 학업
성취도 평가 상위 100개 명단'으로, 학군 서열화를 조장한다는 목소리
도 많지만 아이를 둔 부모 입장에서 학군을 아예 고려하지 않을 수는
없다.

### 2014년도 전국 중학교 국가수준 학업성취도평가 상위 100개교 명단

| 지역 | 학교 | 계 |
|---|---|---|
| 서울 | 개원중, 경원중, 광남중, 구룡중, 단대부중, 대명중, 대왕중, 대원국제중, 대청중, 도곡중, 목동중, 목운중, 목일중, 반포중, 봉은중, 불암중, 상명중, 서운중, 서일중, 세화여중, 숙명여중, 신동중, 신목중, 신반포중, 신사중, 신서중, 신천중, 압구정중, 양정중, 언주중, 역삼중, 영훈국제중, 오륜중, 용강중, 원촌중, 월촌중, 을지중, 잠신중, 잠실중, 정신여중, 진선여중, 휘문중 | 42 |
| 경기 | 구미중, 귀인중, 낙원중, 내정중, 늘푸른중, 대안여중, 매송중, 발산중, 백현중, 범계중, 보평중, 분당중, 불곡중, 샛별중, 서현중, 송림중, 수내중, 신백현중, 신일중, 양영중, 영덕중, 영일중, 오마중, 용인신촌중, 이매중, 이현중, 정발중, 청심국제중, 판교중, 평촌중, 홍천중 | 31 |
| 경북 | 대동중, 울릉북중, 포항제철중, 현동중, 확인 불가 2곳 | 6 |
| 대전 | 대덕중, 대덕문정중, 대전삼육중, 대전삼천중, 대전어은중, 대전전민중 | 6 |
| 대구 | 경신중, 동도중, 정화중 | 3 |
| 울산 | 서생중, 울산서여중, 학성중 | 3 |
| 인천 | 신송중, 인천해송중, 확인 불가 1곳 | 3 |
| 부산 | 부산국제중, 센텀중 | 2 |
| 강원 | 원주삼육중 | 1 |
| 광주 | 문성중 | 1 |
| 전남 | 목포홍일중 | 1 |
| 전북 | 화산중 | 1 |

* 국.영.수 과목 우수학력자(학업성취도 80퍼센트 이상인 학생) 비중 합이 높은 학교 100곳
* 응시생 5명 이하 학교의 경우 확인 불가

## ⌂ 네 번째 열쇠,
## 삶의 질을 높여주는 '쾌적한 환경'

직주근접, 교통, 학군과 비교했을 때 상대적으로 한강 조망 유무, 골프장 유무, 공원과 산의 유무 등은 살아가는 데 큰 영향을 주지는 않는다. 환경 쾌적성과 관련된 특징은 '있으면 더 좋지만, 아님 말고'와 같은 요소이므로 입지와 직결되는 직주근접, 교통에 비해 중요도가 다소 떨어진다. 그러나 선진국의 반열에 다가갈수록 쾌적한 환경에 대한 수요는 더욱 높아지며, 다른 조건에 더하여 환경 쾌적성 조건까지 갖춘 부동산의 가격은 프리미엄을 형성하게 된다.

최근 들어 한국에서도 미세먼지, 황사와 같은 환경 이슈가 중요해지면서 환경 쾌적성의 중요도는 점차 커지고 있다. 특히 부동산 상승기에 집값이 비싼 지역에서 큰 영향력을 발휘하고 있다. 즉, 아파트 조망권에 대한 프리미엄은 부동산 상승기에 크게 오른다고 볼 수 있다. 한강 조망권에 관한 가격 차이가 부동산 불황기에는 1억 원 정도지만, 부동산 상승기에는 5억 원 가까이 벌어지기도 한다.

## ⌂ 다섯 번째 열쇠,
## 지역 호재

부동산 가치를 결정하는 마지막 열쇠는 지역의 호재다. 집 앞에 대규모 일자리가 들어서거나, 황금 노선 지하철이 신설되거나, 대형마트 혹은 대규모 공원이 조성되면 당연히 집값에 긍정적 영향을 끼칠 수밖에 없다.

그중에서도 단연 최고의 호재는 첫 번째 열쇠인 '직주근접' 즉, 대규모 일자리가 생기는 것이다. 판교 벤처밸리나 마곡 산업단지 같은 곳이 내 집 앞에 생긴다면 수만 명의 종사자들이 내 집 근처로 몰려오게 된다. 다시 말해 공급에 비해 수요가 많아지니 가격에 크나큰 영향을 미친다.

그다음으로 영향력이 큰 호재는 새로운 지하철 노선이 생기는 것이다. 앞서 말했듯 이때는 업무 중심지로 연결되는 노선인지 아닌지가 중요하다.

여기서 주의해야 할 점은 이런 호재들을 너무 믿어서는 곤란하다는 것이다. 지하철을 착공한다는 이야기만 들려도 후다닥 달려가서 인근 아파트에 투자하는 사람들을 꽤 많이 볼 수 있다. 그렇게 사람들이 몰리다 보니 공사가 시작되기도 전부터 인근 아파트의 가격이 이미 오른 경우도 많았다. 하지만, 이런 호재 발표 이후 공사는 제대로 시작도 못하고 좌초되는 일도 허다하다. 착공을 한다 해도 실제 준공까지는 10년 이상 걸리기도 한다. 따라서 이왕 같은 조건이라면 호재가 있는 곳이 유리하겠지만, 호재 하나만 바라보고 뛰어드는 투자는 결국 화를 불러올 수 있다.

그렇다면 이런 다섯 가지 조건을 다 갖춘 곳에 투자하면 무조건 성공할 수 있을까? 사실 많은 사람이 이미 부동산 입지가 좋은 곳, 즉 누구나 살고 싶어 하는 곳은 어떤지 잘 알고 있다. 예를 들어 반포동과 잠실이 살기 좋다는 사실을 모르는 사람은 없다. 그리고 이미 그러한 심리와 수요가 부동산 가격에 잘 반영되어 있다.

그렇다면 결국 그곳에 투자하는 것이 정답일까? 이런 의문이 들 때 여섯 번째 열쇠를 손에 쥐어야 한다. 바로 '나의 수준에 맞는 투자금'이다. 부동산 투자는 반드시 나의 현재 상황 맞게 해야 한다. 따라서 A급 입지인 강남에 투자할 수 없다면, B급 입지라도 선점할 수 있는 눈을 길러야 한다. 바로 이런 연유로 입지 공부를 꾸준히 해야만 하는 것이다.

# 돈도 없고, 시간도 없는
# 사회초년생에게 최적화된 투자

'내 집 마련이 먼저일까, 부동산 투자가 먼저일까?'

특히 신혼부부들은 결혼 시점부터 이 고민에 봉착한다. 만약 내 집 마련을 한다고 가정해보자. 나와 배우자, 가족이 거주하는 집이라면 대충 고를 수가 없다. 출퇴근을 고려해야 하니 지하철역과 가까워야 하고, 이왕이면 오래되지 않은 아파트여야 하며, 아이를 보낼 어린이집과 학교가 주변에 있어야 하고, 갑작스런 이직에 따른 매도를 대비해 환금성까지 고려해야 한다.

이보다 더 중요한 건, 내가 가진 돈으로 매매가 가능하냐는 것이다. 2018년 현재 서울 아파트 평균 가격은 6억 원을 넘어서고 있다. 50퍼센트 대출이 가능하다고 하더라도 나머지 3억 원의 현금을 보유하고 있어야 한다. 금수저가 아닌 이상, 신혼부부가 3억 원을 갖고 출발한다는 건 현실적으로 불가능하다. 서울 구석구석을 살펴보면 그보다 싼 집도 있지 않느냐고 되물을 수 있지만, 그런 곳은 출퇴근하기도 불편하고, 건물이 너무 낡았거나 살기에 불편한 환경일 가능성이 높다. 그런 이유로 가격이 싼 것이다.

그렇다면 내 집 마련은 잠시 미룬다고 가정하고 생각해보자. 전세나 월세로 거주한다면, 군이 환금성이 좋은 아파트가 아니더라도 신혼부부가 살기에 적당한 빌라를 고려해볼 수 있다. 방 2개에 새로 지은 신축 빌라도 2억 원 선에서 입주가 가능하다. 규제받고 있는 주택담보대출에 비해 전세자금대출은 낮은 이율로 80퍼센트까지도 대출이 가능하다. 따라서 결혼하자마자 내 집 마련을 할 때보다는 마음의 짐을 덜 수도 있다. 물론 그렇다고 해서 내 집 마련을 평생 포기하라는 것은 아니다. '왜 나는 흙수저로 태어났을까?' 하며 신세 한탄을 할 필요도 없다. 차라리 처음부터 '내 집 마련은 잠시 미뤄도 좋다'라고 생각해보자. 내 집 마련을 잠시 미뤘기에 나중에 더 좋은 투자처를 찾고 더 큰 수익을 얻을 수도 있지 않을까?

나 또한 내 집 마련만 고집했다면 부동산 투자를 위한 자금에는 관심도 없었을 것이며 지금의 자산은 꿈도 꾸지 못했을 것이다. 큰 수익을 안겨준 분당 아파트도 내 집 마련이라는 관점에서 접근했다면 관심도 갖지 않았을 것이다. 회사까지는 왕복 3시간이나 걸리고, 30년이나 된 아파트에 군이 그 돈을 주고 들어갈 이유는 없지 않은가.

## 🏠 은행의 비밀을 알아야 은행을 적극 활용할 수 있다

IMF 외환 위기 때 은행 금리는 연 20퍼센트로, 28퍼센트까지 인정해주는 곳도 있었다. 쉽게 말해 1억 원을 은행에 넣어두면 연 2,000만 원의 이자를 벌 수 있었다는 것이다. 한 달로만 잡아도 이자만 160만 원을 받을 수 있었다. 지금 생각해보면 꿈만 같은 일이다. 따라서 이 시절에는 장롱 속, 서랍 속 있는 돈 없는 돈 다 털어서라도 은행에 넣어두는 게 가장 빠른 재테크였다. 더구나 개인은 어차피 은행에서 대출을 받을 수도 없었다. 그러다 보니 그 시절 개인은 고금리의 사금융을 이용해야 했고, 그마나 수출 기업이어야만 은행에서 제대로 된 대출을 받을 수 있었다.

그러다 기업 경제가 최악으로 치닫자 은행은 더 이상 기업에 돈을 빌려줄 수 없게 되었다. 그렇다고 은행이 손을 놓고 있을 수는 없었다. 이런 상황에서 나오게 된 것이 바로 '주택 모기지 대출'이다. 이렇게 수출기업이 아닌 개인도 은행 대출을 받을 수 있는 시대가 열린 것이다. 이처럼 지금은 손쉽게 받을 수 있는 주택담보대출이 과거에는 특혜에 가까운 일이었다.

은행 계좌에 저축하면서 내 돈이 사라질 거라 염려하는 사람은 거의 없다. 그만큼 내 집 금고보다 은행이 안전하다고 여긴다. 하지만 이런 은행에도 공공연한 비밀이 숨어 있다. BIS비율, 즉 자기자본은 비율은 단지 10퍼센트뿐이라는 사실이다. 만약 고객들이 한날한시에 돈을 돌려달라고 달려든다면 은행은 파산할 수밖에 없다.

　그럼에도, 은행은 이 10퍼센트의 자금으로도 충분한 수익을 거둘 뿐 아니라 고객의 돈을 안전하게 관리해준다. 이 원리는 개인에게도 적용 가능하다. 감당할 수 있는 범위 내에서 진 빚은 '빚이 아니라 빛'이 되기도 한다. '무조건 빚은 위험하다'는 것은 자본주의 사회에는 어울리지 않는 발상이다.


## 🏠 바쁜 직장인이라면 전문가를 적극 활용하라

　주식은 마우스로 클릭 몇 번이면 손쉽게 사고팔 수가 있다. 굳이 누군가에게 전화를 하거나 다른 사람과 대면할 필요도 없다. 이에 반해 부동산 투자는 등기부등본이 본인 명의로 넘어오기까지 여러 단계를 거치며 많은 사람과 만난다. 부동산 소장님, 기존 임차인, 새로 들어올 임차인, 법무사, 인테리어 업체 사장님, 대출상담사 등 많은 이해관계자와 얽히게 된다. 물론 사람에 따라서는 부동산을 끼지 않고 직거래를 하거나, 법무사, 인테리어 관련 전문가 없이 셀프로 진행하는 경우도 있지만 이때는 그만큼 본인이 리스크를 감당해야 한다. 즉, 관련 지식도 없고, 관련 기술도 없으면서 몇만 원에서 몇십만 원을 아끼려고 혼자 하다가 더 큰 수습 비용이 들 수도 있다는 점을 명심해야 한다.

　실제로 지인 4명이서 10시간 들여 도배, 페인트칠을 한 것보다, 전문가 2명이 5시간 동안 도배, 페인트칠을 했을 때가 10배는 더 깔끔했다. 심지어 그 지인들은 별 보람도 없이 며칠 몸져누워야 했다. 전문가가 괜히 존재하는 게 아니다. 그분들은 그 기술을 가지기 위해 수십 년간 노하우를 축적해왔다. 내가 들인 시간과 비용보다 더 나은 효과를 낼 수 없다면 과감하게 전문가에게 위임하는 편이 좋다.

물론 어떤 과정으로 계약이 진행되고, 어떤 식으로 공사가 진행되는지를 이해하기 위해 한 번 정도 경험 삼아 해보는 건 추천한다. 하지만 그것도 한 번이면 충분하다. 특히나 바쁜 직장인에게는 각 분야의 전문가를 꼭 활용할 것을 권하고 싶다. 누누이 강조하지만, 부동산 투자는 수억 원의 돈이 왔다 갔다 하는 일이다. 그러므로 몇만 원, 몇십만 원 때문에 큰일을 그르치지 않도록 조심해야 한다.

어떻게 보면 투자를 하는 순간 우리는 그 투자의 총책임자, 즉 오너가 되는 셈이다. 오너라면 전체 그림을 보고, 상황에 맞게 일이 잘 처리되게끔 관리를 할 줄 알면 된다. 오너가 직접 공장에 가서 조립을 하고 영업도 하고 물건을 배송할 수는 없다. 나의 시간과 체력도 자산이라는 사실을 잊지 말자.

# 최적의 가성비 투자로
# 시작한다

　내 집 마련 대신 투자를 하기로 결정했다 해도 다음과 같은 고민이 따라오게 마련이다. 시세차익 투자와 임대수익 투자 중 어떤 게 더 나을까? 어떤 전문가는 임대수익 투자로 월 200만 원 정도가 안정적으로 들어오는 시스템부터 만들라고 권한다. 다른 전문가는 시세차익 투자로 작은 눈덩이를 굴려 큰 눈덩이로 만드는 게 우선이라 주장한다. 여기에 정답은 없다. 자기가 처한 환경에 적합한 투자를 하면 된다.

　그렇다면 우선, 임대수익 투자에 대해 생각해보자. 다음과 같은 아파트의 경우 월 수익은 얼마가 될까?

　　매매 가격  2억 2,000만 원(보증금 2,000만 원, 월세 70만 원)

　　은행 대출  60퍼센트 시 대출금 1억 3,000만 원

　　월 이자  40만 원(이율 4퍼센트 가정 시)

실투자금 7,000만 원(매매 가격 – 대출금 – 보증금)

월 수익 30만 원(월세 수익 – 월 이자)

그런데 막상 계산해보니 생각보다 수익이 많지 않다. 대출을 제외한 순수 현금 1억 4,000만 원으로 위와 같은 조건의 집 두 채를 마련하면 월 수익이 60만 원이다. 여기에 세금, 수리비, 공실을 고려하면 월 수익은 40만 원 정도로 예상된다. 위와 같은 수치만으로도 만족한다면 괜찮지만, 실제로 부동산 투자를 생각하는 대다수의 사람은 이보다 목표를 더 높게 잡는다.

한번 생각해보자. 한 달 임대수익으로 500만 원 정도를 만들 수 있으면 회사에서 갑작스레 쫓겨나더라도 내 가정을 안정적으로 지킬 수 있지 않겠는가. 그러므로 실투자금이 부족한 사람들에게는 임대수익 투자부터 하는 건 오히려 가성비가 떨어진다. 또한 아파트를 담보로 대출을 계속 일으켜야 하기 때문에 금리 상승기에는 그만큼 리스크도 커진다.

## 🏠 에코세대의 첫 투자로 시세차익 투자는 적합할까?

실투자금이 부족한 에코세대들의 첫 부동산 투자로는 어떤 게 좋을까? 일단 소액으로 시작할 수 있는 투자부터 살펴보자.

먼저, 아파트 가격의 10퍼센트로도 투자가 가능한 분양권 투자가 있다. 즉, 아파트 가격이 3억 원이라면 3,000만 원만 있어도 투자가 가능하다. 이런 장점 때문에 실제로 많은 사람이 계약금 3,000만 원만 가지고 투자를 감행한다. 하지만 입주 시점에 대량으로 전세 매물이 쏟아져 전세 가격이 1억 원까지 떨어질 수 있다는 점을 염두해야 한다. 그렇게 되면 나머지 2억 원을 마련하든지, 계약금 3,000만 원을 포기하든지 해야 한다.

2008년 부동산 경기가 활황일 때, 사람들은 수억 원의 빚을 내고도 분양권을 가지려 했다. 당장은 분양가가 높다 해도 1년이 지나면 그마저 놓친 걸 후회하기도 했다. 그러나 2010년에는 상황이 급변했다. 부동산이 하락기에 접어들면서 프리미엄은 고사하고, 아파트 가격이 1억 원을 넘어 2억 원까지 급락했다. 분양권을 여러 개 가지고 있던 사람들은 입주 시점이 되어 잔금을 감당하지 못해 속절없이 무너졌다. 이처럼 분양권을 가질 때는 10~20퍼센트의 자금만 있어도 가능하지만, 3년이 지난 입주 시점에는 원금과 이자를 합한 원리금을 내야 한다는 점을 꼭 명심해야 한다. 이런 분양권이 여러 개가 있다면, 순식간에 내 월급을 초과하는 이자를 내야 한다. 특히나 정부가 부동산 규제를 가할 때 가장 먼저 칼날을 내미는 곳이 신축 아파트 투자에 해당되는 재건축과 분양권 시장임을 유념하자.

에코세대가 그다음으로 고려해볼 수 있는 부동산으로는 소규모 지분 투자가 가능한 재개발 빌라가 있다. 서울에서는 이미 최소 1억 5,000만 원의 투자금이 필요하다. 경기도, 인천에서는 여전히 그 정도의 자금이면 매매가 가능하지만, 재개발 빌라 역시 부동산 초보 투자자들에겐 여간 어려운 분야가 아니다. 자칫 내 투자금이 10년 이상 묶이는 상황이 발생하기도 한다. '뉴타운 확정'이란 플랜카드를 걸고서도 15년이 지나 결국 해제된 곳도 수두룩하다. 그렇기에 재개발 호재로 비싼 가격을 주고 샀다가 재개발 사업이 해제되면 가격이 폭락하고 수리비를 끝없이 지불하게 될지도 모른다. 그런 이유로 흔히들 아파트를 새로 짓는 재건축 투자는 5년을 바라보고, 빌라를 새로 짓는 재개발은 최소 10년 이상을 바라보라고 하는 것이다.

마지막으로 생각해볼 수 있는 것으로는 매매 가격과 전세 가격의 차이를 이용하는 전세 매매 차액 투자가 있다. 전셋집은 100퍼센트 실투자용이므로 거품이 없다. 새로운 호재가 들어온다고 인근에 전세를 여러 채 계약해두고 옮겨 다니면서 거주하는 사람은 없기 때문이다.

또한 전세 가격은 쉽게 떨어지지 않는다. 이런 부동산의 몇십 년 간 가격 변동 그래프를 보더라도 매매 가격은 등락을 왔다 갔다 하지만 전세 가격은 꾸준히 우상향한다. 다만 전세 계약 시점에 인근에 과잉 공급이 있을 예정인지, 있다면 어느 정도의 물량인지를 꼭 파악해야 한다. 물론 이 현상도 단기적이며 어느 정도는 예측 가능한 리스크다. 2년 뒤에 인근에 아파트 대량 공급이 있을지 없을지는 누구나 알 수 있기 때문이다. 따라서 위에서 소개한 다른 두 가지 투자 방법에 비해 상대적으로 리스크가 작다. 또, 채당 수익은 낮을 수 있지만 여러 채에 투자가 가능하여 같은 돈으로도 많은 경험을 쌓을 수 있다.

그래서 개인적으로 에코세대에 가장 적합한 초기 투자는 '전세 매매 차익 투자'라 생각한다. 먼저 작은 눈덩이를 굴려 큰 눈덩이로 만들고, 그 후에 재개발 투자 및 분양권 투자를 곁들이면 된다. 이런 과정으로 자산을 불려 상가, 빌딩, 다가구주택 등에 투자하면, 결국엔 최종 목표인 월 500만 원 정도의 월 수익이 가능해진다.

이 내용을 종합하여 에코세대를 위한 투자 방법을 정리하면 다음과 같이 4단계로 요약할 수 있다.

**에코세대 투자: 적은 돈으로 느리지만 안정성 있게 수익성을 높여가는 투자**

1단계 　시세차익 투자로 작은 눈덩이를 굴린다(전세 활용 소액 투자)

2단계 　큰 눈덩이로 안정적인 월세 구조를 만든다(수익형 투자)

3단계 　편안한 노후를 위해 상가와 빌딩에 투자한다

4단계 　내 건물의 사무실에서 퇴직 후 제2의 인생을 시작한다

# 강남은
# 과감하게 제외한다

정말 누구나 강남 부동산에 투자하면 백전백승일까? 아무리 강남에 투자를 하고 싶어도 종잣돈이 없는 에코세대에게 투자금이 몇억 원씩 들어가는 강남은 꿈도 꾸기 어려운 대상이다. 그렇다고 누구는 강남에 집을 사서 1년 만에 몇억 원을 벌었느니 하는 이야기에 전혀 부러워할 필요는 없다. 내가 산 집의 가격이 몇억 원씩 오를 수 있다는 말은 곧 몇억 원이 내려갈 수도 있다는 뜻이다. 따라서 자신의 투자금에 맞는 존zone에 투자하는 것이 가장 성공률이 높다. 투자에 있어 중요한 건 '투자금 대비 수익'임을 잊지 말아야 한다.

강남의 집값과 관련된 통계를 살펴보면, 수도권 전역으로 부동산 가격이 상승했을 때 강남의 집값은 3~5억 원, 서울 외곽은 1~2억 원, 수도권 외곽은 5,000만~1억 원 상승했다. 강남을 중심에 두고 동그랗게 원을 그렸을 때, 중심(강남)과 좀 더 인접할수록, 즉 대중교통을 이용하여 강남에 좀 더 빨리 접근할 수 있는 지역일수록 집값의 상승폭은 컸다. 쉽게 말해 강남에서 멀어질수록, 도심에서 멀어질수록 가격의 상승폭은 작아진다는 말이다. 이것만 보면 이왕 투자할 때 더 많은 수익을 얻을 수 있는 강남에 하는 것이 맞아 보인다. 그러나 정말로 강남의 집값은 늘 상승만 하는 걸까?

그렇다면 수도권 전역의 집값이 내릴 때 강남의 집값은 어떻게 되는지 살펴보자. 그런 상황에서도 오를 거라 생각하는 사람이 많지만, 실제로는 강남의 집값 역시 '억'소리 나게 떨어지기도 한다.

최근 14억 원에 거래된 대치동 은마 아파트 101㎡(30평형)은 부동산에 대한 관심이 거의 제로였던 2012년만 해도 8억 원에 매매할 수 있었다. 당시 한 강사도 내게 이곳을 투자해보라며 권하기도 했다. 나도 투자하고 싶은 마음이 굴뚝같았지만 역시나 문제는 투자금이었다. 당시 전세 가격은 3억 원대였기 때문에 전세를 끼고 매매한다 해도 최소한 4억 원 이상의 현금이 있어야 가능했다. 에코세대에 흙수저인 내게 그런 돈이 어디에 있단 말인가? 그저 그림의 떡일 뿐이었다.

또한 부동산 가격에는 영원한 상승도 영원한 하락도 없는 법이다. 강남 아파트의 가격이 오를 때는 몇억 원씩 오르듯이 가격이 떨어질 때 역시 몇억 원씩 떨어질 수도 있다. 실제 이 아파트의 가격은 2007년 11억 원까지 거래되다가 2012년 8억 원까지 내려갔다. 다시 말해, 11억에 투자했다면 3억 원을 잃었을 거라는 뜻이다. 직장인이 평생 1억 원을 모으기도 쉽지 않은 일인데, 투자의 시작부터 3억 원을 잃는다고 생각하면 상상만으로도 끔찍하다. 평범한 월급쟁이라면 이렇게

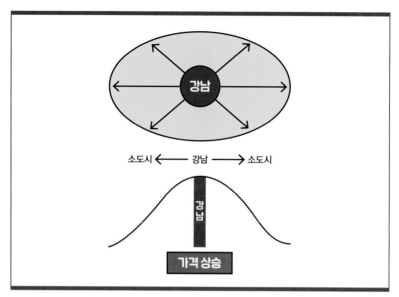

▲ 강남에서 가까운 지역일수록 가격상승폭이 크다. 중간에 강남을 두고 양옆으로 멀어질수록 그 상승폭은 적기에 마치 산 모양처럼 가격 상승폭이 형성된다.

리스크가 큰 투자는 피하는 게 상책이다. 큰 한 방을 노리다 한 방에 훅 갈 수도 있다는 것을 명심하자.

## ⌂ 가성비 에코존에 주목하자

왜 리스크가 큰 '한 방 투자' 대신 투자금 대비 수익률, 즉 가성비가 좋은 '안전빵 투자'를 하는 게 유리한지 자세히 살펴보자.

종로 한복판에 위치한 편의점의 월 매출이 1,000만 원이라고 가정해보자. 그렇다면 이 편의점의 주인은 월급을 300만 원 받는 직장인보다 3배 이상 수익을 내고 있다고 할 수 있을까? 매출로만 따지면 그렇다고 볼 수도 있지만, 가장 중요한 상가 월세 및 기타 비용들을 고려해야만 정확한 판단이 가능하다. 만약 월세가 700만 원이라면, 아무리 더 많은 손님이 온다고 해도 편의점 주인의 순수익은 300만 원 안팎일 뿐이다. 여기에 여러 비용을 제하면 주인에게 떨어지는 순수익은 직장인의 월급보다 못할 확률이 높다. 즉, 겉으로 드러나는 매출이 다가 아니라는 말이다.

부동산 투자도 마찬가지다. 겉으로 드러나는 가격 상승이 중요한 게 아니다. 실투자금 대비 얼마큼의 가치가 있는지, 즉 '가성비'를 따져야 한다. 10억 원을 투자하고 2억 원의 수익을 얻은 사람의 수익률은 20퍼센트지만, 1,000만 원을 투자하고 3,000만 원의 수익을 얻은 사람은 300퍼센트의 수익률을 달성한 셈이다. 결국 후자가 투자로서 더 가치 있다고 볼 수 있다.

우리가 아는 상식대로 강남에서 가까운 지역일수록 부동산의 가격 상승폭이 크다. 하지만 강남에 투자할 만한 돈이 없다면 과감히 다른 지역으로도 눈을 돌려야 한다. 실제로 다음 세 곳의 가성비를 따져보면 다음과 같은 결론을 내릴 수 있다.

### 가성비 에코존은 어디일까

1. **강남 재건축: 5억 원 투자 / 3억 원 상승**(투자금 대비 수익률 60%)

2. **서울 외곽, 1기 신도시: 2,000만 원 투자 / 4,000만 원 상승**

   (투자금 대비 수익률 200%)

**3. 지방 소도시, 시골 아파트: 500만 원 투자 / 300만 원 상승**

(투자금 대비 수익률 60%)

**결론**

2번 서울 외곽 및 1기 신도시의 수익률이 가장 높으며,

그곳이 가성비 에코존이라 할 수 있다.


명심하자. 부동산 투자를 할 때 강남 부자, 금수저들을 부러워하며 배 아파 하기보다는 나의 경제적 상황과 맞는 곳으로 눈을 돌려 수익률을 높이는 데 집중하자. 에코세대의 평범한 월급쟁이라면 애초부터 강남 지역은 과감히 제외하는 편이 현명하다.

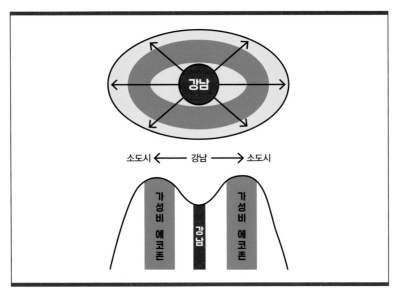

▲ 실투자금을 고려한 가성비 수익률을 보면 강남 지역이 다른 지역보다 오히려 떨어진다는 것을 알 수 있다. 파란색은 에코세대를 위한 가성비 에코존을 표시한 것이다.

# 인생도 부동산도
# 타이밍이다

경매 공부를 시작했던 2011년 부동산 시장은 그리 시끌벅적하지 않았다. 그도 그럴 것이 수도권은 2007~2008년을 기점으로 부동산 암흑기에 접어들었고, 부동산 불패 신화는 옛날이야기일 뿐이라는 생각이 지배적이었다. 경매 공부를 하는 사람들도 부동산 가격이 오르기를 기대하기보다 현 시점에서 싸게 살 수 있으니 그것 자체만으로 수익이라는 생각으로 투자하는 사람이 대부분이었다.

2010년 당시 낙찰가율은 81.9퍼센트였는데, 아파트도 감정가의 80퍼센트대 가격으로 싸게 장만할 수 있었던 시기였다. 그러다 2016년 수도권 낙찰가율이 92.6퍼센트까지 올랐다. 여기에도 이유는 있었다. 경매의 입찰 감정가는 입찰 6~7개월 전의 시세를 반영하는데 그 사이 이미 부동산 가격이 상승해 있으니 그에 맞춰 낙찰 가격을 써낸 것이다.

그럼에도 경매 투자의 매력은 이전에 비해 확 떨어진 상태다. 일반 물건의 경우에는 현재 부동산에 나와 있는 시세와 별 차이가 없는 가격으로 낙찰을 받게 된다. 따라서 경매 물건지를 꼼꼼히 분석해서 최대한 이익이 남도록 가격을 적는 사람보다 대충 보고 가격을 높게 적는 사람이 이기는 싸움이 된다. 그러다 보니 경매 공부를 어느 정도 한 사람의 입장에서는 자꾸 낙찰을 받지 못하고 결국 일반 물건이 아닌 특수물건으로 눈을 돌리기 시작한다. 하지만 앞서 말했듯 특수물건 하나를 잘못 낙찰 받으면 불미스러운 일에서 오랫동안 헤어나오지 못할 수도 있다.

## ⌂ 전국을 휩쓸었던 갭투자 군단

2013년부터 수도권의 부동산 중개업소를 방문하면 가장 많이 듣는 말이 있었다.

"혹시 지난주에 지방에서 오셨다는 분인가요? 부산인가요, 대구인가요?"

심지어 이런 말도 들었다.

"지난주에 지방에서 관광버스 타고 와서 여기 근처에 있는 아파트들 다 싹쓸이해 갔어요. 그래서 지금은 괜찮은 매물들이 다 빠졌네요. 도대체 이게 어떻게 된 일인지…."

그렇다면 왜 지방에 사는 사람들이 수도권까지 몰려와서 아파트에 이렇게 투자를 하는 걸까?

이들은 소위 '갭투자 지방 군단들'이다. 부산과 대구에서 전세를 끼고 매매하는 갭투자로 수익을 낸 사람들이 수도권까지 몰려온 것이다. 그때만 해도 수도권 사람들은 왜 그들이 인기 있는 서울이나 강남의 물건을 사지 않고 경기도의 오래된 아파트를 사는지 이해하지 못했다. 부동산에서조차 "여기는 가격이 상승할 곳이 아닌데, 지방에 사시는 분들이 이렇게까지 투자를 하니 신기하면서도 찝찝하네요."라며 우려를 표하기도 했다.

그 결과는 어땠을까? 아래 그래프를 보면 2013년 1억 5,000만 원이었던 것이 2015년에는 2억 3,000만 원까지 거래되었다. 그것도 전세를 끼고 투자했기에 실제로는 실투자금 단돈 2,000만 원으로 400퍼센트 이상의 수익률을 달성한 것이다. 단 2년 만에.

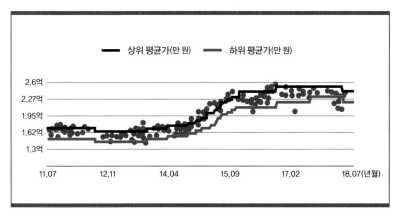

▲ 경기도 광명시 하안동 A아파트 전용 46㎡(19평) 매매 시세

## 🏠 갭투자의 시대도 영원할 수는 없다

갭투자 지방 군단들은 어떻게 수도권 사람들도 생각하지 못한 이런 투자를 할 수 있었을까?

그들은 이미 지방에서 비슷한 상황을 경험했기 때문이다. 실제 부산에서 갭투자 군단을 이끌던 분의 이야기를 들어보면 먼저 부산에서 자신이 생각했던 방식으로 투자를 해서 수익을 보고 있는데, 부산의 시장과 유사한 패턴이 대구에서도 보이기 시작해, 부산에서처럼 수익이 날 거라는 생각에 대구에도 도전해보았다고 한다. 그런데 실제로 부산과 똑같이 수익을 안겨준 것이다. 그런데 대구에 이어 수도권에서도 지방과 같은 패턴을 보이길래 수도권에도 과감히 투자를 했다고 한다. 결국 세 지역에서 이분을 따르던 사람들까지 엄청난 대박을 건져 올리게 되었다.

그런데 2014~2015년 수도권의 부동산 시장을 뜨겁게 달구었던 전세 갭투자에 이상 기온이 감돌고 있다. 갭투자의 최대 장점은 최소한의 투자금으로 부동산 투자가 가능하다는 것이다. 그런데 갈수록 매매 가격 대비 전세 가격의 간격이 서서히 벌어지고 있다. 전세 가격은 그대로인데 매매 가격이 오르면서, 더 많은 투자금이 필요하게 된 것이다. 투자금이 많이 들어가는 순간, 그건 더 이상 갭투자가 아니다. 이 말은 곧 전세 갭투자의 시기도 지나가고 있음을 의미한다.

이처럼 똑같은 시간을 들이고, 똑같은 돈을 들여도 어느 시기에 투자하느냐에 따라 수익률이 달라진다. 2년 전만 해도 똑같은 방법으로 수익을 냈음에도 불구에도 올해는 그 방법이 마이너스를 안겨줄 수도 있는 것이다. 그러니 투자를 하고 싶다면 반드시 미래를 내다보는 눈을 장착해야 한다.

기억하자. 인생도 부동산도 타이밍이다.

**7장**

# 예측하기

스스로 분석해야
투자 인사이트가 생긴다

# 과거를 보면
# 오늘이 보인다

추운 겨울이 지나면 봄이 찾아온다. 따뜻한 봄이 지나면 여름이 온다. 우리는 지나온 과거를 통해 아무리 뜨거운 여름이 지속되고, 아무리 강력한 한파가 찾아와도 시간은 흐르고, 사계절은 반복된다는 사실을 잘 알고 있다. 단지 우리가 알 수 없는 건, 그 더위와 추위가 과거에 비해 얼마나 더 지속될지, 얼마나 더 강력할지에 관한 것이다.

수십 년간 부동산 시장의 변화를 돌이켜보면, 이 또한 계절의 반복과 비슷하다는 사실을 알 수 있다. 부동산 시장에서도 끝없는 가격 하락, 끝없는 가격 상승은 없다. 단지 상승기와 하락기의 진폭과 무늬만 다를 뿐이다. 물론, 미래는 정확히 예측할 수 없다. 그럼에도 미래를 알 수 있는 가장 좋은 방법은 지나온 과거를 돌아보는 것이다. 미래를 대비하기 위해 역사를 배우듯, 부동산 시장의 흐름을 예측하기 위해 부동산의 지나온 행적을 알아야 한다. 과거는 미래를 보는 창이라 하지 않던가.

　대한민국은 알면 알수록 흥미로운 국가다. 불과 60년 전 만해도 전쟁의 폐허 속에 허우적대던 나라였다. 지금의 장충체육관도 1960년대에는 한국보다 잘 살았던 필리핀의 원조를 받아 지은 것이다. 1960년 한국 인구는 2,500만 명, 일인당 국민소득은 79달러로 세계 최빈국 국가였다. 당시 아프리카 가나의 국민소득이 179달러였다고 하니, 어느 정도로 가난했는지 감을 잡을 수 있을 것이다. 그런데 이런 최빈국의 나라가 2018년 현재 세계 11위의 경제대국이 되었다. 그동안 무슨 일이 있었던 걸까?

　6·25전쟁으로 폐허가 된 대한민국에서는 1970년대를 거치면서 차츰 서울 도심으로의 인구 이동이 일어났다. 전쟁으로 인해 건물이 무너지고 네 땅 내 땅의 경계도 모호해지다 보니 빈 땅이 보이면 아무렇게나 집을 지었다. 하지만 집을 짓고 또 지어도 몰려드는 사람들을 감당할 수는 없었다. 이때부터 서울은 초만원 시대를 열었다.


## 🏠 1980년대, 3저 호황과 88올림픽 특수

　한국은 1980년대로 들어서자 이른바 '3저 현상'이라는 단비를 맞았다. 3저 현상이란 '국제 유가 하락, 국제 금리 하락, 원화 가치 하락'을 말한다. 이는 한국 경제의 비약적 성장을 견인하는 신호탄이 되었다. 1980년에서 1988년까지 8년 만에 국민경제의 규모가 3배 가까이 성장했다. 특히 1986년에서 1988년까지 3년 연속 10퍼센트를 웃도는 경제성장률을 기록했다. 경제의 급성장으로 재개발 구획정리사업이 활기를 띠었고, 올림픽공원 선수촌 건설, 용산 전자상가 조성, 가락 농수산물 도매시장, 목동 신시가지 조성, 수도권 지하철 개통 등 수많은 건설들이 감행되었다.

1980년대의 경제 성장은 시장 유동성을 크게 증가시켰다. 물건을 수출하고 받은 돈이 한국으로 몰려들어와 갈 곳을 찾아 헤맸다. 현금을 장롱에 두는 것보다 은행에 넣어두는 게 훨씬 이득이니 저축률도 올라갔다. 은행은 이 돈을 기업에 빌려주고, 기업은 이 돈으로 이윤을 창출하면서 임금도 올랐다. 임금을 올려 받은 사람들의 소비가 늘자 돈은 자연스레 선순환이 되었다. 돈이 이전보다 훨씬 많이 풀리니, 당연히 돈의 가치는 떨어졌고 물가는 올랐다.

1988년에는 대한민국의 첫 세계 올림픽이 열렸다. 올림픽의 성공적 개최로 한국의 위상도 올라갔지만 동시에 대한민국 주가, 부동산 가격도 급등했다. 집 없는 서민들은 치솟는 전셋값으로 여기저기 쫓겨 다니다 결국 일가족이 동반자살까지 하는 참극이 벌어지기도 했다. 끝없이 오르는 물가, 미쳐 날뛰는 집값을 잡기 위해 정부는 팔을 걷어붙였다. 부랴부랴 1989년 12월 30일 임대차계약 기간을 1년에서 2년으로 늘리는 법안을 통과시켰다. 그러나 1981년 제정된 임대차 기간 '최소 1년'(기존 통례적으로 6개월) 규정과 마찬가지로, 집주인들이 2년치 임대료를 한꺼번에 올리면서 전셋값은 더욱더 폭등했다.

정부는 집값을 잡기 위한 최선의 방안을 '공급 확대'로 두었다. 수요에 맞게 공급을 늘리면 자연스럽게 집값이 안정될 거라 믿었다. 이에 1989년 주택난을 해소하고자 엄청난 발표를 하게 된다. 바로 '주택 200만 호 건설 프로젝트'였다.

## ⌂ 1990년대, 1기 신도시 탄생과 IMF 외환 위기

'주택 200만 호'라는 대한민국 역사상 최대의 건설 프로젝트의 일환으로 수도권에는 '1기 신도시'가 생겨났다. 성남시 분당, 고양시 일산, 군포시 산본, 부천시 중동, 안양시 평촌, 이 '독수리 5형제'는 1992년 말 입주를 완료함으로써, 120만 명이 거주하는 대단위 주거타운이 탄생했다. 또한 임대용 다가구 주택 건설을 촉진하여, 무수히 많은 빨간 벽돌의 다가구 주택을 만들어냈다. 주택 200만 호 건설 계획으로 대한민국 여기저기 대량 공급이 이루어졌고, 공급량이 증가하자 부동산 가격은 하락했다.

1990년 초중반까지 한국은 정말 상상도 할 수 없는 성장을 이뤄냈다. 다른 나라가 몇백 년 동안 이뤄낸 성과를 단 몇십 년 만에 이루어내며 '기적의 나라'로 불리게 되었다. 그러나 급격한 성장 과정 속에서 곪아왔던 문제들이 폭발하면서, 결국 1997년 가슴 아픈 국가적인 위기가 터진다.

뻥 뚫린 고속도로를 달리고 있던 대한민국은 IMF 외환 위기로 꽉 막힌 도로에서 급브레이크를 밟아야 했고, 경기는 급격히 위축되었다. 1998년 연초부터 부동산 매매 가격과 전세 가격이 동시에 떨어졌고, 집주인이 임차인의 전세 보증금을 돌려주지 못해 '역전세 대란'이 발생했다. 또한, 전세 가격이 매매 가격을 넘어서는 '깡통 아파트'까지 등장했다. 경기가 얼어 있으니 건설사들도 공급을 줄여나갔다. 이미 분양했던 아파트들은 팔리지 않자, 미분양 아파트가 우후죽순 늘어났다. 건설사들은 자금난을 이기지 못하고 도산하기 시작했다.

## 🏠 21세기를 시작하며 IMF 외환 위기 극복

IMF 외환 위기로 매매 가격과 전세 가격이 동시에 떨어지던 현상도 잠시, 1998년 하반기부터 전월세 가격이 또다시 상승하기 시작했다. 건설사들이 새로운 아파트를 짓지 않으니 공급이 부족해져 전세를 구하는 세입자끼리 경쟁이 붙은 것이다. 먹구름이 낀 대한민국의 경기에서도 1999년 전세금은 폭등했고, 2000년대부터 소형 평수 아파트의 매매 가격이 오르면서 전세에 1,000만 원만 더 보태면 내 집 마련이 가능한 경우까지 생겼다.

이런 상황이다 보니 이사 시기에는 월세 매물만이 세입자를 기다리고 있었다. 그러나 한 달에 한 번 수십만 원의 월세를 내느니, 차라리 조금 더 보태서 소형 아파트 한 채를 장만하는 편이 더 나아 보였다. 반면, 중대형 아파트는 여전히 찬밥 신세였다. 가격 자체가 비싸니 매매 가격 대비 전세 가격은 월등히 낮았다. 경기도 좋지 않은데 많은 돈을 들여가며 중대형 아파트를 마련하기보다는 저렴한 전세로 눌러앉는 게 마음이 편했을 것이다.

　IMF 외환 위기 이후, 시세차익을 노리는 투자의 인기가 사그라들면서 월세 투자처로 소형 아파트가 각광받았다. 30평 중형 아파트까지 월세로 전환되자 많은 이들이 전세 대신 월세의 시대가 올 것으로 예측하기도 했다. 2000년대 초반 소형 아파트의 전세 가격의 상승은 결국 소형 아파트 매매 가격의 상승으로 이어졌다. 또한, 분양 이후 입주까지 3~4년이란 시간이 걸리는 아파트 대신 6개월이면 가능한 다가구, 다세대 신축 빌라가 활기를 띄었고, 일부 지역에서는 거래량이 2배 이상 급등했다.

　한창 뜨거웠던 소형 아파트의 인기는 2002년 월드컵을 즈음해서 점차 식어가기 시작했다. 소형 아파트의 가격이 이미 많이 오른 데다 금리까지 올라 월세 수익이 줄어든 것이다. 마치 2017~2018년과 비슷한 형세였다. 어쨌든 소형 아파트의 인기가 떨어지면서 그동안 주춤했던 중대형 아파트의 전세 가격이 상승하기 시작했다. 소형 아파트 매매 가격의 패턴과 비슷하게, 중대형 아파트의 매매 가격도 서서히 상승했다. 그러자 소형 아파트를 팔고 중대형 아파트로 갈아타는 일명 '평수 갈아타기 열풍'이 불기도 했다.

# ⌂ 2003년, 새 정부와
# 부동산 시장의 전면 승부

부동산 시장이 활황을 타고 있던 2003년에 들어선 참여정부는 유례없는 부동산 규제 대책을 쏟아냈다. 언론에서도 부동산 폭등에 '투기하지 마라', '부동산 가격 폭락 예상', '곧 버블 위기 몰아칠 것'과 같은 메시지로 어떻게든 투자 열풍을 차단하기 위해 전방위적으로 나섰다. 집값을 잡겠다는 일념하에 종합부동산세 도입, 다주택자 양도세 중과, 분양권 전매 제한, LTV(주택담보인정비율, 즉 주택 가격 대비 대출비율) 40퍼센트 제한 등 수많은 규제책을 쏟아냈다. 이와 더불어 무분별한 카드 발급과 돌려막기로 부실 채권이 늘어 신용불량자를 양산한 '카드 사태'까지 터지면서 부동산 가격은 점점 하락했다.

하지만 이것도 잠시였다. 특히나 이 시기부터는 일반 아파트보다 재건축 아파트의 가격 상승이 두드러졌고, 강남과 강북의 부동산 가격 차이가 급격하게 벌어지기 시작했다. 비선호 지역과 선호 지역 간의 격차가 벌어진 것이다. 또한, 강북 균형 개발을 위해 성동구 왕십리동 '왕십리 뉴타운', 성북구 길음동 '길음 뉴타운', 은평구 진관·내외동 및 구파발동 일대 '은평 뉴타운' 세 곳의 뉴타운 계획을 발표했다. 이 뉴타운 계획 발표는 땅값과 함께 인근 아파트 가격을 동반 상승시키는 결과를 만들었다. 곧 터질 것 같았던 버블은 부동산 상승의 전주곡에 불과했다.

## ⌂ 2004년, 중대형 아파트 전성시대

IMF 외환 위기 이후 건설사들이 인기가 떨어진 중대형 아파트의 공급을 줄인 게 화근이었다. 2004년 즈음하여 강남 부촌을 중심으로 형성된 중대형 위주의 아파트 가격은 그야말로 폭등하기 시작했다. 건설사들도 이에 화답하듯 중대형 위주로 분양 아파트를 쏟아냈다.

하지만 입주까지 3~4년의 시간이 필요하기에, 공급 부족인 시장에 당장의 보탬이 되지는 못했다. 2004년 분양했던 용산 시티파크는 780 대 1의 청약 경쟁률을 기록하고, 60평형 아파트는 프리미엄이 10억 원 이상 붙기도 했다. 가격이 불덩이처럼 타오르자, 실수요자도 투자자도 다급해졌다. 사람들은 이성을 잃어 아파트가 어떻게 생겼는지는 보지도 않고 계약금부터 쏘기 바빴다.

그것도 모자라 집주인이 계약금의 배액을 주고도 매매 계약을 취소하는 사태까지 벌어졌다. 아침저녁의 시세가 몇천만씩 차이가 났으니 그야말로 폭동 수준이었다. '부동산 투자는 바보나 하던 시대'에서, '부동산 불패 시대'라는 신화를 또다시 만들어낸 것이다.

## ⌂ 2006~2007년, 재건축 아파트 열풍

2006년에 아파트 청약은 시도해 봐야 당첨 확률도 없는 희망고문

과도 같았다. 이때 등장한 것이 '오래된 5층 이하의 저층 아파트 투자'였다. 20년 이상 된 저층 아파트가 안전 진단만 통과하면 고층 아파트로 변신하고 돈방석에 앉게 해줄 수 있음을 알게 된 것이다. 사람들은 너 나 할 것 없이 재건축 아파트 열풍으로 뛰어들었다.

물론, 정부는 불덩이 같은 부동산 시장을 가만히 보고 있지만은 않았다. 2007년 재건축 아파트에 안전진단 보류, 1가구 3주택 중과세, DTI(총부채상환비율, 즉 소득에서 부채의 연간 원리금 상환액이 차지하는 비율)와 LTV에 대한 각종 규제와 세금 폭탄을 들이밀며 열풍을 잠재웠다.

하지만 곧이어 '풍선 효과'가 발생했다. 상대적으로 가치가 떨어지는 아파트를 팔고, 강남의 똘똘한 한 채 열풍이 분 것이다. 또한 투자자들은 정부가 억누른 재건축 아파트를 피해 오래된 재개발 빌라 투자로 방향을 틀었다. 매매가가 워낙 낮은 데다 전세가가 높아 실투자금은 별로 들이지 않고도 살 수 있었고, 이것이 아파트로 변신할 수 있다는 기대감이 형성되자 오래된 빌라 가격마저 폭등하기 시작했다. 그러자 20년이나 된 인천 빌라 반지하 가격이 3,000만 원에서 1억 원 이상까지 오르는 기현상이 발생했다.

## 🏠 2008년, 10년 만에 다시 찾아온 경제 위기

하늘 높은지도 모르고 치솟던 부동산 가격은 2008년 크나큰 장벽을 만난다. 제2의 IMF 외환 위기를 방불케 하는 미국발 서브프라임 모기지 사태가 발생한 것이다. 10년 전 공포를 연상시켰던 이 위기로 경기는 급격히 위축되었다. 로켓처럼 솟아오르던 수도권의 부동산 가격도 오름세가 멈췄다. 그중 한창 분위기가 좋을 때 분양했던 중대형 아파트가 골칫거리였다. 건설사들이 끊임없이 분양했던 중대형 아파트 단지들의 입주 시점이 2008년이었던 것이다. 서브프라임 사태로 인한 위기와 함께 악성 미분양 아파트는 산더미처럼 쌓여갔다.

## 🏠 2009년, 집은 사는 것이 아니라 사는 곳이라는 인식 팽배

IMF 외환 위기와 서브프라임 모기지 사태, 이렇게 두 번의 뼈아픈 시련을 겪으며, 국내 부동산 시장은 다시금 실수요자 중심의 아파트 시장으로 개편되기 시작했다. 앞서 말했듯 부동산 광풍 시기에 중대형 아파트 위주로 공급이 되었기에 소형 주택의 공급이 부족했다. 여기에 주택 투기 심리까지 위축되자, 전국적으로 소형 아파트의 전세 가격이 다시금 주목을 받았다.

또한 서브프라임 모기지 사태를 계기로 지방과 수도권의 시장은 각자의 길을 가게 되었다. 어떤 국가나 지역의 경제가 주변의 국가나 세계 경제의 흐름과 같은 흐름을 보이지 않고 탈동조화되는 '디커플링 현상'이 시작된 것이다. 2009년에 2퍼센트의 상승률을 보였던 지방의 아파트값은 수도권 부동산의 하락세가 본격화되었던 2010년에는 8퍼센트, 2011년에는 무려 18퍼센트까지 급등했다.

서브프라임 모기지 사태와 쌓여가는 미분양 중대형 아파트에 이어 또 다른 악재가 등장했다. 2003년, 서울 집값의 폭등을 막기 위해 계획했던 2기 신도시 입주가 2007년 동탄을 시작으로 2009년 판교, 2011년 김포, 광교 등으로 이어진 것이다. 안 그래도 쌓여가는 미분양 시장에 대형 악재가 연이어 터지고 말았다. 특히나 중대형 아파트의 가격은 공급 과잉과 심리적 부담감으로 하락폭이 커졌다. 서브프라임 모기지 사태 이후, 수도권의 아파트 시장은 계속해서 내리막길을 걸었다. 사람들이 원했던 집값 하락이 현실화되어 드디어 원하는 가격에 내 집 마련을 해야 할 타이밍이 온 것이다.

그러나 현실은 전혀 다른 양상으로 나타났다. 집값만 떨어지면 내 집 장만을 하겠다는 사람들이 온데간데없이 사라졌다. 오히려 집은 사는buy 게 아니라 사는live 곳이어야 하고, 인구가 감소하는 시대에 내 집 마련을 한다는 건 시대착오적 발상이라는 여론이 강했다.

떨어진 집값에 행복해하는 사람보다 여기저기서 고통을 호소하는 사람이 많아졌다. '비싼 집에 사는 가난한 사람', 즉 집은 소유하고 있지만 무리한 대출로 인한 이자 부담 때문에 빈곤하게 살 수밖에 없는 '하우스푸어'라는 용어도 이때 탄생했다. 또한 '땡처리 아파트', '분양가 대비 40퍼센트 할인 분양'의 등장으로 원래의 분양가로 매매하여 살고 있던 입주민과 할인된 가격으로 입주한 새 입주민 간의 갈등도 심해졌다. 심지어 새로운 입주민이 이사를 오지 못하게 기존에 살던 입주민이 단지 출입구를 봉쇄하는 일까지 터졌다. 이처럼 부동산 가격의 하락에도 불구하고 서민들은 오히려 눈물을 훔쳐야 했다.

## 🏠 2012~2015년, 소액 투자 황금시대

부동산에는 영원한 상승도, 영원한 하락도 없다고 했던가. 서브프라임 모기지 사태 이후 끝도 모르고 떨어졌던 매매 가격에 반해, 전세 가격은 끊임없이 상승하고 있었다. 하락하던 매매 가격이 2012년에 멈추자, 2013년 하반기가 되며 꾸준히 상승해 오던 소형 아파트의 전세 가격이 급등하기 시작했다. 불과 2년 만에 '억' 단위가 넘는 전세 가격이 상승한 것이다. 이런 현상은 1997년 IMF 외환 위기 이후의 부동산 시장을 연상시키며, 급등한 전세 가격은 소형 아파트의 매매 가격을 밀어 올렸다. 그러면서 또다시 '소형 아파트 갭투자 시대'가 도래했다. 전세의 월세화가 진행되자 언론에서는 '전세에서 월세로의 부동산 패러다임 변화'를 시사하는 기사들을 쏟아냈다. IMF 외환 위기 이후 2000년 초반 신문기사에도 볼 수 있었던 '전세의 월세화'에 관한 이야기가 2013년에도 재연되었다.

가구원 수의 감소와 인구절벽으로 소형 아파트의 강세가 두드러졌고, 건설사들도 중소형 아파트를 중심으로 분양 계획을 세웠다. 그러자 분양 이후 입주까지 3~4년이 걸리는 아파트 대신, 6개월이면 가능한 다가구·다세대 신축 빌라의 열기가 다시 돌아왔다. 기다렸다는 듯 건축업자들은 역세권과 가까운 주택들을 헐어 다세대 빌라 분양에 나섰다. 오르는 아파트 전셋값을 감당하지 못한 사람들 중에는 상대적으로 저렴한 신축빌라를 매매하는 쪽으로 방향을 돌리는 경우도 있었다 (2001년 신문기사에서도 찾아볼 수 있는 내용이다).

2015년에는 수도권에서 소액 투자 황금시대가 열렸다. 서울 아파트 전세가율이 2009년 38퍼센트였는데, 2016년 75퍼센트로 6년 만에 무려 두 배나 상승했다. 서울 강북 중소형 아파트의 전세가율마저도 90퍼센트를 넘어섰다. 2년마다 전셋값 상승으로 불안해 떠느니 몇천만 원, 몇백만 원을 더 보태서 차라리 집을 사겠다고 하는 실수요자들이 늘어났다. 더불어 적은 금액으로 부동산에 투자하려는 투자자들까지 부동산 시장에 뛰어들었다. 심지어 2015년 수도권 외곽이나 지방에서는 내 돈 한 푼 들이지 않고 투자할 수 있는, 이른바 '무일푼 투자'가 가능한 세상이 열렸다. 그리하여 저렴한 수도권 소형 아파트를 중심으로 매매 가격이 상승하기 시작했다.


## 🏠 2017년, 정부의 부동산 시장에 대한 정면 승부


2016년이 되자, 그간 잠들어 있던 호랑이가 서서히 동면에서 깨어나기 시작했다. 개포 등 강남권 재건축 분양이 선방하자 이에 힘입어

서울 재건축 아파트의 거래량은 10년 만에 최대치를 기록했다. 강남권 재건축발 훈풍을 타고 강북권 기존 아파트의 매수 수요도 살아났다. 특히나 재건축 연한이 도래하는 단지가 몰려 있던 노원구의 거래량도 크게 늘었다. 서울의 부동산 시장까지 활황이 되자, 아파트 청약 시장은 뜨거운 이슈로 떠올랐다. 입지가 좋지 않다며 거들떠보지도 않던 지역이라 해도 새 아파트이기만 하면 가격이 1억 원 이상 올라갔다. '아파트 불패 신화'가 또다시 전국을 흔들기 시작했다.

잠에서 깨어나기 시작한 호랑이의 기세는 2016년에 이어 2017년에도 좀처럼 멈출 기미가 보이지 않았다. 새로운 정부의 청약 규제에도 불구하고 서울, 부산, 대구 도심의 청약 시장은 여전히 들끓었다. 아파트 투자에 별생각이 없었던 사람들까지 너도나도 청약 시장에 발을 들였다. 지금이라도 사두지 않으면 서울에 평생 진입이 불가능할지도 모른다는 이야기까지 나돌았다. 부산의 아파트들은 수백 대 일의 경쟁률을 기록하기도 했다.

그러자 정부는 회심의 한 방을 준비했다. 할 수 있는 최대한의 규제를 한꺼번에 쏟아부으며 공포의 8·2 부동산 대책을 등장시킨 것이다. 투자자는 물론, 집을 사려고 했던 실수요자들도 강력한 규제 앞에서 주춤했다. 결국 청약 시장은 실수요자 위주로 진행되면서 경쟁률이 반토막이 났다. 다주택자들은 급하게라도 집을 매도해야겠다며 여기저기서 아우성이었다.

그러나 강력한 대책에도 불구하고, 시장의 움직임은 기대와는 다른 방향으로 움직였다. 마치 이때를 기다렸다는 듯이 시장 가격이 급등하

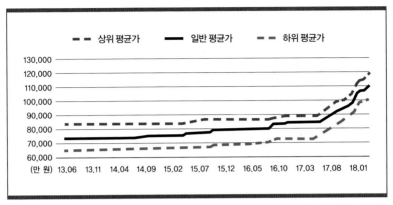

▲ 성남시 수내동 A 아파트 전용 134㎡(49평)의 매매 시세 그래프이다. 몇 년 동안 횡보하던 시세는 2017년 8·2 부동산 대책을 기점으로 급등세를 맞이한다.

기 시작한 것이다. 이에 질세라 정부는 더 새롭고, 더 강력한 대책으로 부동산 시장에 압박을 가하고 있다. 따라서 우리는 지금부터라도 정부의 부동산 정책이 어떻게 변화할지 주목하여 미래에 차근차근 대비해 나가야 한다.

지금까지 알아본 대한민국 부동산 시장의 특징을 요약하면 다음과 같다.

1970년 후반 급속 경제 성장, 이촌향도로 인한 도시주택난, 중동 특수

1980년 후반 3저 호황과 도시화로 인한 주택난 가속, 부동산 대세 상승

1990년 초반 1기 신도시 입주(대량 공급)로 인한 부동산 가격 하락

1990년 후반 IMF 외환 위기로 인한 경기 위축, 건설사 도산

2000년 중반 IMF 외환 위기로 인한 공급 부족, 부동산 규제 폭탄, 수도권(호황, 대형 아파트 전성시대)과 지방(불황) 디커플링 현상 시작

2000년 후반  서브프라임 모기지 사태와 2기 신도시 입주로 인한 수도권

대세 하락기(실수요자 시장으로 재편, 소형 전세 상승),

반대로 지방의 부동산 가격은 상승

2010년 초반  부동산 규제 대폭 완화, 경기도 소형 아파트 전세 급등

2010년 중반  서울 포함 수도권 전역 소형 아파트 가격 상승

2017년~현재  부동산 규제 폭탄, 부동산 시장 불안, 수도권 부동산 상승,

지방 부동산 하락

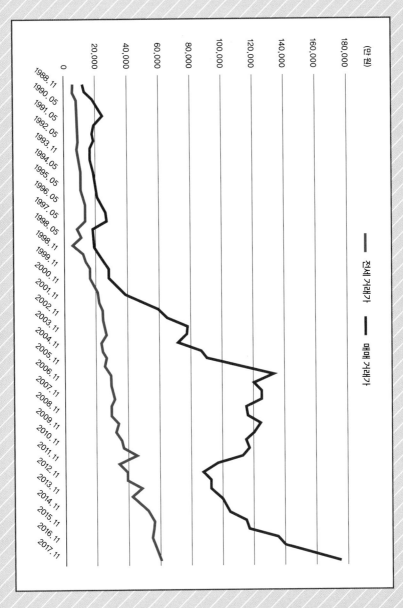

▲ 강남구 대치동 은마아파트 전용 84㎡의 실제 거래 데이터(상위 평균가 기준)를 바탕으로 직접 그린 엑셀 그래 프. 1988년부터 2003년까지는 '부동산뱅크' 데이터를, 2004년부터는 'KB부동산' 데이터를 활용했다.

# 한눈에 확인하는
# 대한민국 부동산의 진실

경기는 계속해서 순환하며, 부동산의 역사 또한 되풀이된다. 따라서 부동산의 역사를 꿰뚫고 있다면, 굳이 지나간 물고기를 바라보면서 망연자실할 이유가 없어진다. 어차피 물고기는 또 몰려오게 마련이니까. 그 길목이 어디에 있는지 미리 알고, 그곳에 그물을 던져놓고 기다리면 된다. 이처럼 투자를 위해서는 현상보다 한 발 앞서서 움직일 줄 아는 지혜가 필요하다.

앞서 살펴본 부동산의 역사를 통해 알 수 있는 부동산 시장의 특징과 진실을 정리해보면 다음과 같다.

▶ 공급이 대량으로 쏟아지면 가격은 하락했고, 공급이 부족하면 가격은 상승했다.

▶ 가격의 상승과 하락을 좌우하는 가장 큰 축은 '대규모의 아파트 입주'였다. 그 외 정부 정책 및 금리 변화 등은 가격을 더 올리고 더 내리게 할 뿐 큰 흐름까지 바꾸지는 못했다.

▶ 부동산 상승기에는 '가격 안정'을 위해 각종 규제 정책이 나왔다. 이 시기에 부동산은 '투기'로 칭했다.

▶ 부동산 가격 급등기에는 시중에 많은 돈이 풀리고(60년대 월남 특수, 70년대 중동 특수, 80년대 3저 호황), 주택 공급이 부족했다.

▶ 집값이 오르면 사람들(수요)은 더 오른다는 불안감으로 당장 부동산에 달려들었다. 하지만 주택의 공사 기간이 길다 보니 즉각적으로 수요를 감당하지 못했다. 조급해진 사람들이 또다시 부동산 시장에 한꺼번에 뛰어들자 부동산 가격은 비정상적인 폭등을 일으켰다. 이런 사유로 가격 상승기에는 집값이 비싸질수록 자가보유율은 더 올라갔다.

▶ 매매 가격은 급격한 상승과 급격한 하락을 보였다. 반면, 전세 가격은 매매 가격에 비해 소폭 하락은 있으나 꾸준히 우상향해왔다.

▶ 집값이 하락하기 시작하면 사람들은 집을 사지 않고 집값이 더 떨어지기를 기다렸다. 가격 하락기에 집값이 떨어지면 자가보유율은 오히려 떨어졌다.

▶ 특정 지역(강남)의 집값이 큰 폭으로 상승하면, 그 여파는 인근 지역(강북−서울 전역−분당−평촌−수도권)으로 퍼져나가는 상승 도미노 현상이 발생했다.

▶ 서울의 집값이 떨어진다고 전국의 집값이 하락하지도, 서울의 집값이 오른다고 전국의 집값이 상승하지도 않았다. 전국적으로 각 지역마다 상승과 하락 시기는 달랐다. 심지어 같은 아파트 단지 내에서도 평형별 상승 시기와 하락 시기가 달랐다.

▶ 시장의 에너지, 즉 투자에 대한 열망이 강력할 때는 어떤 약발도 듣지 않았다. 반면 에너지가 약할 때는 손가락 하나에도 무너졌다.

▶ 부동산 하락기에는 '경기 부양'을 위한 규제 완화 정책이 나온다. 이때 부동산 재테크는 '투자'로 칭한다.

▶ 매매 가격이 지속적으로 하락하면, 전세 가격이 상승했다. 이때 틈새상품인 '다세대 주택'이 반짝 인기를 누렸다.

▶ 대규모 아파트의 입주는 인근 지역의 전세 가격을 급락시켰다. 하지만 2년 후 급락한 전세 가격은 다시 회복되었다. 공급은 비슷한 시기에 쏟아지졌지만, 수요는 12개월 동안 분산되어 나타났다.

▶ 임차 기간을 인위적으로 늘렸을 때(6개월→1년→2년) 전셋값은 폭등했다. 새로운 교육 정책도, 8학군의 힘을 무너뜨리지 못했다.

▶ 언론도 정부도 경제 전문가도 부동산의 미래를 정확히 예측하지 못했다.

# 부동산 시장에 존재하는
# 하나의 사이클

　자산의 가격은 인플레이션과 함께 시간이 지날수록 우상향한다. 물론, 직선으로 상승하는 게 아니라, 파도가 일렁이듯 오르내리기를 반복하며 등락 폭이 계속 변화한다.

　가격을 움직이는 힘은 도대체 어디서 기인하는 걸까? 여기에는 사람들의 심리, 정부의 규제, 금리, 인구 변화 등 여러 가지 요인이 작동한다. 하지만 단지 가격 상승, 가격 하락의 높낮이와 속도를 좌우하는 단기적인 요인일 뿐, 이런 요인들이 가격의 큰 흐름까지 바꾸기는 어렵다.

　그렇다면 큰 흐름에 영향을 주는 것은 무엇일까? 바로 부동산 시장의 순환을 일으키는 원동력은 바로 공급량, 특히 실제 들어갈 수 있는 '입주 물량'에 있다.

## 🏠 선분양 제도가 이끌어낸 시스템

이는 한국에만 존재하는 특별한 제도인 '선분양 제도'에 그 이유가 숨어 있다. 우리는 이 제도로 인해 내 눈으로 완공된 아파트의 모습을 확인하기도 전에 돈부터 지불해야 한다. 이런 한국만의 부동산 선분양 제도 때문에 건설사들은 공급에 있어 '현재'를 가장 중시한다. 다시 말해, 현재 부동산 시장이 호황이면 3~4년 뒤 공급 과잉이 된다고 할지라도 건설사들은 공급을 쏟아내고, 현재 부동산 시장이 불황이면 3~4년 뒤 공급이 부족해질 거라 예상되어도 공급을 중단해버린다.

만약 몇 년간 건설사들이 공급을 중단하면 어떻게 될까? 어김없이 공급 부족 현상이 찾아온다. 봄, 가을 이사철과 집을 구하는 신혼부부의 행렬, 공급 부족은 자연스럽게 (매매가는 그대로 유지 혹은 하락하는 반면 전세 가는 상승함으로써) 전세가율을 상승시킨다.

전세가율이 상승하면 그때부터 사람들은 고민하기 시작한다. 전세 재계약 시점에 갑자기 올라버린 전세 가격을 보며 '2,000만 원만 더 보태면 그냥 집을 사도 되는데 이참에 매매를 해버릴까?' 하는 생각과 '집은 이제 더 이상 투자 대상이 아닌데, 샀다가 괜히 가격이 떨어지면 감당할 수 있을까?', 이 두 가지 갈림길에서 고민하다 조금씩 매매 거래를 하는 쪽이 늘어난다. 특히나 이 시점에는 전세 가격과 매매 가격이 차이가 많이 나지 않는 저렴한 소형 아파트의 거래가 주를 이룬다.

이렇게 건설사의 공급이 중단되고 몇 년이 지나면 어떻게 될까? 거래량이 서서히 증가하면서 올랐던 전세 가격과 매매 가격의 차이가 급격히 줄어들어 전세를 끼고 매입하는 갭투자가 득세한다. 그리고 바로 이즈음 건설사들은 공급 가동을 준비한다. 문제는 건설사들이 아무리 공급에 박차를 가해도, 아파트가 계획하자마자 바로 완성되는 건 아니라는 사실이다. 앞에서도 말했듯이 빌라는 4~6개월이면 뚝딱 완성되지만, 아파트는 3~4년 정도의 시간이 필요하다. 이렇게 아파트가 건설되는 동안 다세대 빌라와 같은 아파트의 대체재가 인기를 끈다. 그리고 경매 낙찰가율이 일반 급매가와 비슷한 가격을 형성하면서 경매 시장보다 일반 부동산 시장으로 관심이 옮겨간다.

공급 부족이 가중되고 아파트가 완성되는 몇 년 동안 아파트 분양 시장은 호황을 누린다. 청약 시장은 완판 수준을 넘어서서 경쟁률이 수십 대 일까지 치솟고 새 아파트에 대한 열망은 재건축 및 재개발 시장까지 삼켜버린다. 그러나 정부는 이렇게 불안정한 부동산 시장을 가만히 내버려두지 않기에 이때부터 정부의 강력한 규제가 시작된다.

## ⌂ 부동산 전성시대의 그림자

시간이 흘러 그간 분양했던 아파트들이 대량 들어서는 시점이 돌아온다. 하지만 한번 달아오른 부동산 투자 열기는 이상 과열 조짐을 보이며 좀처럼 가라앉지 않는다. 2명 이상만 모이면 부동산 이야기를 한다는 '부동산 투자 전성시대'가 열리고, 청약 시장의 경쟁률은 수백 대일까지 오른다. '집값이 미쳤다', '공급이 넘쳐난다'고 하면서도 사람들은 너도나도 부동산 시장으로 뛰어든다. 이 시기를 놓칠세라 건설사들은 남은 영혼까지 끌어내 분양 물량으로 털어낸다. 집을 소유한 자와 소유하지 못한 자 간의 자산 격차는 점점 더 벌어지며 양극화가 심화된다. 그럴수록 정부의 규제 칼날은 더욱 매서워진다.

계속해서 쏟아지는 아파트 입주와 매매 후 전세를 놓는 투자자들 때문에 전세 매물이 넘친다. 이는 전세 가격을 안정시키고 (매매 가격은 상승 내지 그대로, 전세 가격은 그대로 내지 하락함으로써) 전세가율은 하락시킨다. 급등해버린 매매 가격은 매수 심리를 주춤하게 만들지만, 매매 호가는 이미 하늘 높은 줄 모르고 솟아 있다. 그러면 부동산에 전혀 관심이 없던 사람들도 뒤늦게 열차에 올라탄다. 거래량은 줄었지만 급등한 가격으로 거래가 이뤄지면 이것이 그대로 시세에 반영된다. 아파트 입주가 계속 이어지면서 모델하우스로의 발길이 조금씩 줄어들기 시작한다.

전세 가격의 하락과 미분양의 증가는 결국 악성 미분양인 '준공 후 미분양'을 증가시킨다. 이때부터 깡통 전세, 역전세를 주의하라는 언론 기사들이 흘러나온다. 이런 상황에도 여전히 아파트 입주 물량은 이어지지만, 부동산 시장은 금세 얼어붙는다. 불과 1년 전, 아니 불과 몇 달 전만 해도 앞뒤 재지 않고 집을 사던 사람들이 한 걸음 한 걸음 뒷걸음질을 치기 시작한다. 가격 하락에 대한 공포가 퍼지고 거래가 이뤄지지 않는다. 매도자들은 '그래도 이 가격은 받아야지', 매수자들은 '가격이 더 떨어질 것 같은데 기다려야지' 하면서 서로의 눈치를 본다. 그나마 급급매물의 거래만 이루어질 뿐이다.

시장이 얼어붙으니 분양을 끝없이 밀어내던 건설사들도 이제는 공급을 중단한다. 냉랭한 부동산 시장의 분위기는 계속 이어지고, 버티던 매도자들은 가격을 더 떨어뜨려 시장에 내놓는다. 하지만, 이미 매수자들은 사들일 마음이 사라진 상태다. 가격이 조금만 떨어지면 매수하려고 했던 사람들도 전세로 사는 게 낫겠다고 판단하여 매매하기를 꺼린다.

준공 후 비분양으로 건설사들의 고민은 깊어지고, 결국 '재고 떨이 아파트 할인 분양'에 나선다. 계획했던 건설사들의 분양은 연기되고, 건설사는 개점휴업(개점을 하고 있으나 장사가 잘되지 않아 휴업한 것과 같은 상태)에 돌입한다. 집주인은 '하우스푸어', 세입자는 '깡통 전세'를 걱정하며 고통을 호소한다. 이때부터 정부는 그간 추진했던 규제들을 하나둘 완화시키며 부동산 시장을 부양하기 위한 정책을 내놓는다. 하지만 정부의 노력에도 불구하고 시장은 반응하지 않는다. 그 누구도 부동산 투자에 관심을 보이지 않는 것이다. 이때는 경매 시장만이 홀로 관심을 모은다.

몇 년간의 공급 중단, 봄·가을 이사철, 신혼부부들의 전세 선호 현상이 겹치면서 공급 부족 현상은 저렴한 소형 아파트를 중심으로 시작된다. 매매가는 그대로이거나 하락하지만, 전세 가격은 상승함으로써 전세가율이 올라간다.

전세가율이 상승하면 사람들은 또다시 고민한다. 조금 더 보태서 매매를 할지 그냥 전세로 살지 고민하는 것이다. 그럼 그다음은 처음에 보았던 내용을 다시 반복하며 하나의 사이클을 형성한다. 이것이 부동산 공급량을 통해서 살펴본 시장의 사이클이다.

이렇게 반복되는 일련의 과정을 한눈에 볼 수 있게 만든 것이 다음 페이지에 나오는, '부동산 만다라트(Mandalart, 목표를 달성하는 기술)'라 불리는 표다. 부동산 만다라트는 부동산 시장의 단기적 흐름보다는 장기적인 흐름을 한눈에 파악하는 데 도움을 준다. 물론 이 표가 현실에서 딱딱 들어맞는 건 아니다. 정부의 규제, 사람들의 심리, 금리 변화, 대출 규제 등의 변수에 따라 앞뒤, 좌우가 바뀌어서 나타날 수밖에 없다.

부동산 만다라트를 참고하여 현재 부동산 시장은 어디에 와 있는지 파악하고, 앞으로 일어날 일들에 대비하도록 하자.

# 카스파파가 직접 작성한
# 부동산 만다라트

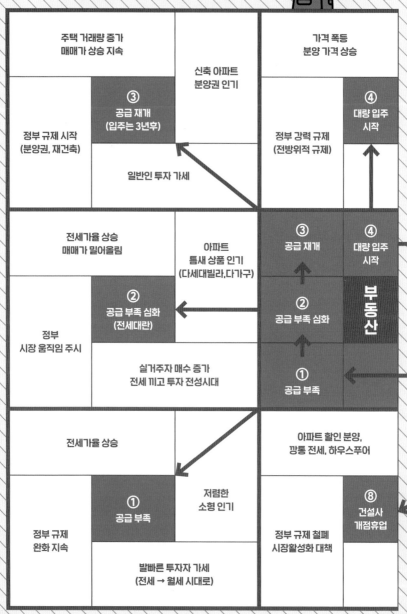

| 주택 거래량 증가<br>매매가 상승 지속 | ③<br>공급 재개<br>(입주는 3년후) | 신축 아파트<br>분양권 인기 | | 가격 폭등<br>분양 가격 상승 | ④<br>대량 입주<br>시작 |
| 정부 규제 시작<br>(분양권, 재건축) | 일반인 투자 가세 | | | 정부 강력 규제<br>(전방위적 규제) | |

| 전세가율 상승<br>매매가 밀어올림 | ②<br>공급 부족 심화<br>(전세대란) | 아파트<br>틈새 상품 인기<br>(다세대빌라,다가구) | ③<br>공급 재개 | ④<br>대량 입주<br>시작 |
| 정부<br>시장 움직임 주시 | 실거주자 매수 증가<br>전세 끼고 투자 전성시대 | | ②<br>공급 부족 심화 | ①<br>공급 부족 | 부동산 |

| 전세가율 상승 | ①<br>공급 부족 | 저렴한<br>소형 인기 | | 아파트 할인 분양,<br>깡통 전세, 하우스푸어 | ⑧<br>건설사<br>개점휴업 |
| 정부 규제<br>완화 지속 | 발빠른 투자자 가세<br>(전세 → 월세 시대로) | | | 정부 규제 철폐<br>시장활성화 대책 | |

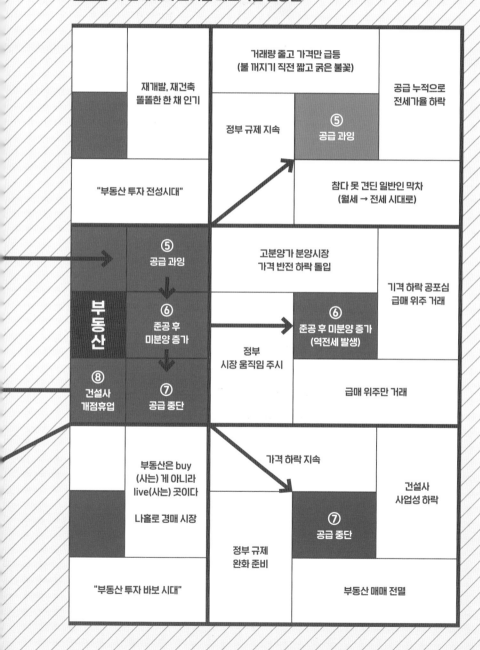

# 부동산 규제,
# 정부에게 남은 시간은?

2003년 10월 29일 정부는 '주택안정종합대책'으로 '1가구 3주택 양도세 중과, 종합부동산세 도입, 투기지역 LTV 40퍼센트 강화'라는 대안을 내놓았다. 그러자 부동산 시장은 어떤 역공세와 저항에도 돌아갈 수 없는 다리를 건넜다며 집값의 하락을 예견하는 기사들이 올라왔다. 실제로 부동산 시장은 2003년 10월 대책을 기점으로 2005년 4월까지, 18개월가량 하락길을 걸었다.

2005년에 접어들어 정부는 부동산 대책을 지속적으로 쏟아냈다. 2월 17일 '수도권 주택 시장 안정 대책', 5월 4일 '부동산 가격 안정 대책', 8월 31일 '서민 주거 안정과 부동산 투기 억제를 위한 부동산 제도 개혁 방안'까지 내놓았다. 그렇다면 시장의 반응은 어땠을까?

세 번의 대책에도 불구하고 매수 지수는 2005년 5월에 18개월 전의 시세를 회복하면서 2008년 리먼 사태가 터질 때까지 무려 38개월간 꾸준히 상승했다.

이는 1998년 IMF 외환 위기의 여파로 몇 년간 공급이 제대로 이루어지지 않았던 영향이 컸다. 계속된 전세 가격 상승은 매수 심리를 자극했고, 갈수록 심해지는 공급 부족은 가격 급등으로 이어졌다. 정책을 통한 정부의 인위적인 개입이 넘치는 수요를 잠시는 억누를 수 있었을지 모르지만, 그 힘은 오래가지 못했다. 결국 시장의 힘 앞에 부동산 가격의 방어벽이 속절없이 무너진 것이다.

## 🏠 다른 듯 닮아 있는 현 정부와 참여 정부

2017년 촛불정국에 의한 새로운 정부가 들어섰다. 그리고 3개월도 채 지나지 않은 시점인 2017년 8월 2일, 정부는 강력한 부동산 대책을 발표했다. LTV·DTI 강화, 분양권 전매 금지, 다주택자 양도세 중과 등 '규제 종합세트'를 내놓은 것이다. 부동산 투자는 '투기'라 칭하며 강력한 규제를 표방했다. 그러자 서울, 수도권, 지방 할 것 없이 전국의 부동산 시장은 순식간에 얼어붙었다. 언론에서는 앞다투어 부동산 투자 시대는 끝났다, 서둘러 집을 팔아야 한다고 외쳤다. 급하게 집을 사려 했던 실수요자들은 집값이 떨어질 것으로 기대하며 내 집 마련을 잠시 미루었다. 다주택자들도 발등에 불이 떨어진 듯 급매로 집을 처분하기 위해 서둘렀다.

그러나 이런 현상도 잠시였다. 시장은 다른 쪽으로 흘러가기 시작했다. 마치 10년 전 참여정부 시절을 연상하게 만드는 일이 벌어지면서 부자들의 집값을 잡을 거라는 기대와는 달리 불똥이 엄한 곳으로 튄 것이다. 강력하게 철퇴를 휘둘렀던 강남의 아파트값이 되레 수직으로 치솟았고, 지방 부동산 시장에서는 집값 폭락의 전조가 여기저기서 발생했다. 10년 전에 유행했던 '똑똑한 한 채 열풍과 지방의 부동산 침체'는 다시금 부동산의 양극화를 만들어냈다.

## 🏠 정부의 규제 속에서 더 치솟는 부동산의 역설

2017년 8·2 부동산 대책은 투자자뿐 아니라 실거주자에게도 가히 충격적이었다. 순식간에 사람들이 부동산 시장을 투자가 아닌 투기로 바라보게 만드는 전환점이 되기도 했다. 정부의 시그널은 명확했다.

'무주택자는 집을 사고, 2주택 이상을 갖고 있는 경우 집을 팔아라.'

그러나 이런 메시지에도 불구하고 행동은 엇갈렸으며, 실제 지인들의 반응 또한 그랬다. 2017년 집을 장만하려고 했던 무주택자 친구는 8·2 부동산 대책이 발표된 직후 이렇게 말했다.

"정부가 강력한 부동산 규제를 내놨으니, 서울 집값도 이제 뚝뚝 떨어지겠네. 내가 아는 어떤 사람은 지난주에 서울에 집 샀다고 하던데 안타까워서 어쩌나. 조금만 기다리면 싸게 살 텐데."

한편 이미 집을 여러 채 보유하고 있던 다른 지인은 이렇게 말했다.

"정부 규제가 오히려 강남 집값을 올릴 수도 있다고 하더라. 예전에 참여정부 때도 부동산 규제한다고 하니깐, 똘똘한 한 채 열풍이 불었잖아. 일단 지방에 있는 집은 몽땅 팔고 강남에 올인해야겠어."

그로부터 1년이 흐른 지금, 그 둘의 입장은 판이하게 달라졌다. 실거주 집 한 채라도 장만하려 했던 무주택자 친구는 본인이 사려고 맘먹었던 서울의 집값이 3억 원이나 올랐다며 집 사는 것을 포기해버렸다. 정부의 강력한 규제가 집 한 채 사보지 못한 무주택자들에게는 집값 하락에 대한 두려움을 자극해 오히려 역효과를 내버린 것이다. 반면, 이미 다주택자인 데다 앞으로 강남 부동산에 올인하겠다던 지인의 집값은 몇억이 올라버렸다. 이처럼 경험 없는 무주택자는 흔들렸고, 경험 많은 유주택자 투자자들은 느긋했다.

잇따른 대출 규제로 인해 서울에서 내 집을 장만하려면 매매가의 50퍼센트에 해당하는 현금이 필요하게 되었다. 이러니 서민들은 오르는 집값을 하염없이 바라보고 있을 수밖에 없었다.

정부는 계속해서 오르는 서울의 집값, 특히나 강남의 집값을 잡으려 했다. 하지만 역설적으로 현실에서는 서울, 그중에서도 강남의 집값이 폭등했고, 지방은 폭락해버렸다. 지방과 서울의 집값 차이는 1억~3억 원으로 벌어졌고, 지방과 강남의 집값은 6억~12억 원으로 벌어졌다. 이처럼 부동산의 양극화가 급속도로 진행되었다.

최근 불거지고 있는 이슈 중 하나는 '재건축 초과이익 환수제'다. 이는 재건축을 통해 조합원이 평균 3,000만 원 이상의 개발 이익을 얻으면 정부가 이익의 최고 50퍼센트를 부담금으로 환수하는 제도다. 2006년에 도입되었다가 2012년 한시적으로 시행되었던 이 제도는 2018년에 부활하였다. 이 제도가 적용되는 서울의 한 아파트는 예상한 금액의 16배가 많은 금액인 1억 4,000만 원(1인당)의 부담금을 통보받았다고 한다. 국토부는 그 부담금이 가구당 4억 원, 최대 8억 원까지 될 수 있을 것이라고 추정하고 있다. 해당 아파트 단지들은 패닉 상태에 빠졌고, 나머지 기타 재건축을 준비하는 단지들도 불안감에 휩싸여 있다. 재건축 아파트를 매수하려던 사람들이 줄자, 가격은 소폭이나마 하락세를 보였다.

하지만, 문제는 이런 개발 부담금 폭탄의 여파다. 만약 부담금을 내서라도 재건축을 추진하는 아파트가 있다면, 원래의 아파트 가격에 그 부담금이 더해진 가격으로 시장에 나올 것이다. 만약 이렇게 입주하는 아파트가 20억 원이라 가정했을 때, 부담금을 내지 않고 건설된 다른 아파트가 부담금을 제외한 시세로 시장에 나올 수 있을까? 정부에서 가격을 강제하지 않는 이상 시세는 덩달아 올라갈 것이다. 또한 재건축 사업 수익의 위축으로 인해 재건축 사업이 무기한 연기되면 역시나 장기적으로 공급은 위축될 것이다.

새로운 정부가 들어서면 어김없이 서민을 위한 여러 주택들이 등장한다. 국민임대주택, 공공임대주택, 보금자리주택, 행복주택, 뉴스테이 등 정권이 바뀌면서 이름만 변할 뿐 취지나 내용은 비슷하다. 하지만 처음의 기대와는 달리 시장에 잠시 나왔다 사라졌을 뿐 부동산에 특별한 영향을 주지는 못했다.

시장 가격을 무시한 채 주민들과의 마찰을 무릅쓰고 가격이 대폭 떨어져서 나온 아파트도 등장했다. 이 아파트들은 아파트값 전체를 끌어내려주길 기대하며 주변 시세 대비 50~70퍼센트 수준으로 분양되었다. 몇 달간 인근 주민들의 이어진 항의에도 불구하고 들어섰지만 크나큰 시장의 힘 앞에서는 무의미했다. 2009년 3억 원대에 분양했던 이 아파트의 가격은 무려 8억 원이나 뛴 11억 원에 형성되었다. 주변 시세를 끌어내리는 효과는커녕 청약에 당첨된 사람들만 로또를 맞게 한 셈이다. 이번 정부의 규제하에서도 반값 아파트 못지않은 소위 '로또 아파트'들이 등장하고 있다. 이런 로또 아파트들이 동시다발적으로 수십만 세대가 분양되거나 부동산 하락기에 등장하면 모를까, 현재 부동산 시장에 영향을 주기에는 그 효과가 미미할 거라 예상하는 사람이 많다. 오히려 분양가 규제로 인해 장기적으로 공급 위축이라는 부작용을 초래할지도 모를 일이다.

## 🏠 갈수록 빨리지는 대한민국 부동산의 양극화

정부의 규제 여파 때문인지 똘똘한 한 채를 찾아 떠나는 여행이 또다시 시작되었다. 다주택자들은 서울에 있는 집 한 채만 남기고, 나머지 지방 주택들을 팔아버렸다. 공급 과잉으로 가격이 하락하던 지방 아파트에서는 신음소리가 터져나오기 시작했고, 공급 부족으로 오르던 서울은 가격이 몇 달 만에 '억' 소리 나게 오르기도 했다. 그러면서 서울과 지방의 아파트 가격 차이가 점점 더 벌어지고 있다. 지방에서 살던 사람이 지방 아파트 세 채를 팔고 서울에 올라와도 제대로 된 한 채를 마련하기 힘든 상황이다. 서울 안에서도 인기 지역과 비인기 지역 간에 가격 상승폭의 차이가 벌어지고 있다. 예를 들어 인기 지역에서 20억 원 하던 아파트는 40퍼센트 상승해 28억 원이 되고, 비인기 지역에서 3억 원 하던 아파트는 4억 2,000만 원이 되었다. 이처럼 양극화가 이전보다 빠르게 진행되고 있다.

수도꼭지를 생각해보면 이해가 쉬울 것이다. 수도꼭지를 손으로 틀어막으면 그 순간에는 물이 나오지 않는다. 그러다 어느 순간부터 손가락 사이로 물이 조금씩 새어나오기 시작하면서 점점 손 전체가 물에 스며들다가 이윽고 수도꼭지 양옆으로 물이 뿜어져 나온다. 감당이 안 되는 순간 손을 빼버리면 그 물길이 한꺼번에 터져 나온다.

과거에도 그랬듯, 인위적인 규제는 오히려 역효과를 만들었다. 모두가 똘똘한 집 한 채를 외치는 동안 서울의 집값은 천정부지로 뛰어올랐다. 지금 가진 현금으로 내 집 마련을 한다는 건 너무나 힘들어 보인다. 그렇다고 가만히 손 놓고 남 탓만 할 수는 없지 않은가. 집은 살아가는 데 반드시 필요한 요소다. 따라서 부동산에 대한 기초를 쌓으며 앞으로 다가올 대한민국 부동산 시장을 예측해보고, 지금부터 한 걸음 한 걸음 나아가며 미래를 대비해야 한다.

# 금리 상승 시대,
# 어떻게 대비해야 할까

　2016년 한국은행 기준 금리는 1.25퍼센트로 역대 최저 금리를 갈아치웠다. 당시에는 주택 구입을 위해 3억 원의 대출을 한다 해도 한 달 이자가 고작 30만 원에 불과했다. 이처럼 저금리는 실물자산에 대한 투자로 이어졌다. 그리고 2018년 현재, 금리는 최저 금리를 탈피해 서서히 상승하고 있다. 미국의 본격적인 금리 상승을 앞두고 시장 금리와 함께 시중 은행의 주택담보대출 금리도 덩달아 오르고 있다. 금리 하락기에 집에 대한 투자가 늘었다면, 반대로 금리 상승기에는 집에 대한 투자가 줄어들까?

　그런데 우리가 흔히 생각하고 있는 것과는 달리, 다음 그래프를 보면 금리의 상승과 하락은 전국의 집값에는 영향을 주지 않음을 알 수 있다. 그렇다면 금리가 모든 부동산 시장과 상관성이 없는 걸까?

　꼭 그렇지는 않다. 부동산 중에서도 수익형 부동산 시장은 금리와

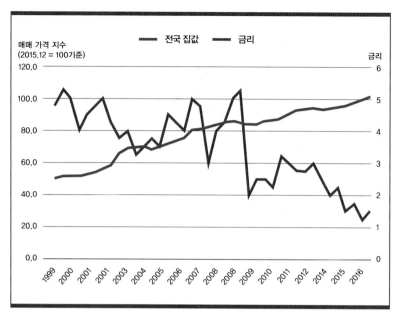

▲ 1999~2016년 전국 집값과 금리의 변화

직접적인 연관이 있다. 수익형 부동산이란, 말 그대로 다달이 월세를 받으며 주기적으로 임대수익을 얻을 수 있는 부동산을 말한다. 대표적으로 상가, 오피스텔, 도시형 생활주택이 이에 해당된다. 대부분의 사람들은 수익형 부동산의 수익률을 듣고 이렇게 생각한다.

'지금 은행 금리가 1.5퍼센트인데, 오피스텔은 수익률이 6퍼센트니 은행보다 훨씬 낫군.'

이처럼 현재 은행 금리와 비교하여 수익성을 판별한다. 그런데 금리가 예전처럼 다시 상승하여 6퍼센트가 되면 어떻게 될까? 금리가 오피스텔 수익률 6퍼센트와 동일해진다. 그러면 월세 수익을 고스란히 은행 이자로 지불해야 한다. 그럴 바에는 차라리 가장 안전한 적금을 드는 편이 낫지 않을까? 군이 오피스텔에 투자해서 에어컨, 냉장고, 인덕션 옵션도 넣어주고, 때가 되면 새 것으로 교체해주고, 세입자가 월세나 관리비는 잘 내는지 등을 체크해야 하는 수고를 할 필요는 없다.

따라서 고금리가 되면 오피스텔은 살아남기 위해 수단을 강구해야 한다. 수익형 부동산은 시세차익을 기대하기 어려워 자연스레 수익률에 의존할 수밖에 없다. 결국, 수익률 자체를 은행 금리보다는 높게 만들어야 한다. 그렇다면 어떻게 해야 할까?

다음은 앞에서 살펴보았던 수익률을 구하는 공식이다.

$$\frac{\text{연간 월세}}{\text{실투자금(매매 가격-보증금)}} \times 100 = \text{수익률(\%)}$$

결국 수익형 부동산을 구입하려는 사람들이 중시하는 건 수익률이다. 금리가 인상되면 은행 이자가 늘어나니, 월세 수익은 그만큼 줄어든다. 그렇다면 수익률을 올리기 위해서는 공식의 분자에 해당하는 월세 수익을 올리거나 분모에 해당하는 매매 가격을 내려야 한다.

그런데 여기서 월세를 내가 함부로 올릴 수 있을까? 월세를 올렸다가 세입자가 들어오지 않고 공실이 되면, 월세는 허공으로 날아가게 된다. 그렇다면 대안은 하나다. 매매 가격을 내려서 좀 더 빨리 거래가 되도록 하는 데 초점을 둘 수밖에 없다.

# 🏠 금리 상승과 상가 투자

아파트의 시세는 내가 사고자 하는 주변 아파트의 시세나 최근 팔린 같은 단지 내 아파트 가격을 기준으로 정해진다. 반면 수익형 부동산인 상가의 시세는 상가 수익률을 기준으로 결정된다. 투자자들이 원하는 상가 기대 수익률은 대개 5~6퍼센트다. 그렇다면 왜 5~6퍼센트의 수익률로 시세가 정해졌을까? 바로 은행의 이율 때문이다.

투자에 있어 가장 안정적인 상품이 은행의 적금이다 보니 은행 이율보다 1.5~2퍼센트 높으면 투자의 가치가 있다고 판단하는 것이다. 과거의 은행 이율이 6퍼센트 정도였을 때는 상가의 기대 수익률이 이보다 1.5~2퍼센트 높은 8퍼센트 정도를 기준으로 형성되었다. 그러니 같은 상가라 하더라도 은행 이율에 따라 매매 가격은 바뀐다. 다시 말해 수익형 부동산에 해당하는 오피스텔, 도시형 생활주택과 비슷한 영향을 받을 수 있는 것이다.

그렇다면 기대수익률에 따라 상가의 매매 가격을 어느 정도로 잡는게 좋을지 한번 알아보자.

### Step1

임대 보증금 1억 원에 월세 300만 원인 상가가 있다. 이 상가를 매수할 당시 은행 이율을 2퍼센트라고 가정한다면 상가의 기대 수익률은 그보다 2퍼센트 높은 4퍼센트라 할 수 있다. 만약 기대 수익률을 4퍼센트라고 했을 때 매매 가격은 얼마여야 할까? 앞의 수익률 공식을 참고하여 매매 가격에 대한 공식을 만들면 다음과 같다.

$$\frac{\text{연간 월세}}{\text{기대 수익률} \div 100} + \text{보증금} = \text{매매가}$$

이 공식에 적용하여 매매가를 구해보면 10억 원이 나온다.

$$\frac{300\text{만 원} \times 12\text{개월}}{4 \div 100} + 1\text{억 원} = 10\text{억 원}$$

## Step2

이번에는 이 상가를 매도할 시점에 은행 이율이 4퍼센트라고 가정해보자. 은행 이율이 4퍼센트이기에 상가 기대 수익률은 그보다 2퍼센트 높은 6퍼센트가 되고 이 기대 수익률에 맞추기 위해서는 월세를 올리거나 매매 가격을 낮춰야 한다. 그러나 월세를 올리기 위해서는 상권이 새롭게 부각되어야 하는데 이는 쉬운 일이 아니다. 그러기에 보통은 매매 가격을 낮춰서 상가 기대 수익률에 맞출 수밖에 없다. 매매 가격을 구하면 다음과 같다.

$$\frac{300\text{만 원} \times 12\text{개월}}{6 \div 100} + 1\text{억 원} = 7\text{억 원}$$

이때 매매 가격은 7억 원이므로, 기대 수익률이 4퍼센트인 경우와 비교하면

**결국 3억 원의 손해가 발생한다. 이처럼 수익형 부동산인 상가에 있어 은행 금리의 영향은 절대적일 수밖에 없다.**

결론적으로, 본인이 시세차익형 부동산 투자를 하고 있다면, 금리 상승은 그다지 신경 쓰지 않아도 된다. 하지만 수익형 부동산 투자를 생각하고 있다면, 좀 더 여유를 가져도 좋다. 시간을 두고 오피스텔 공급 물량이 얼마나 되는지, 상가 주변의 유동인구가 얼마나 되는지, 금리 상승 분위기는 얼마만큼 지속될 것인지 팔짱을 끼고 지켜봐도 좋다. 다시 말해 향후 금리 상승 시, 수익형 부동산을 보다 싼 가격에 매수할 수 있는 기회가 올지도 모른다는 뜻이다.

미국의 금리가 지속적으로 인상되면 한국도 그 흐름을 따라갈 수밖에 없다. 그렇다면 한국의 은행 금리 상승에 따라, 상가 매매 가격 역시 어느 정도 하락기를 맞이할 가능성도 있다. 그러니 수익형 부동산, 수익형 상가에 투자하려 한다면 조금 더 기다렸다가 그 시점이 되었을 때 매수하길 권장한다.

# 서울의 부동산을 사두면
# 무조건 득이 될까

서울은 대한민국 수도로 대표적인 기업들이 몰려 있다. 강북 태평로 일대, 여의도 금융권, 구로 가산디지털단지, 마곡단지, 테헤란밸리 등 지방에서는 보기도 힘든 대기업 및 본사 건물들이 우후죽순으로 들어서 있다. 여기에 서울의 발과 같은 지하철은 세계적으로도 편의성과 편리함을 자랑한다. 그만큼 젊은 인구들로 넘쳐나고, 지방에서도 취직을 위해 서울로 올라오는 사람들이 많다. 그러다 보니 서울의 부동산은 늘 수요 대비 공급이 부족한 실정이다.

그럼에도 앞으로 서울 안에 대규모 택지 개발을 통해 대량 공급이 이뤄질 땅은 없다. 이런 상황인데도 수요가 넘치니 어느 지역의 부동산보다도 안전성이 높다. 사람들은 덩달아 너도나도 부동산은 서울에 투자하는 게 최고며, 가격이 오르는 게 당연하다고 말한다. 지방에 가지고 있는 집들을 모두 처분해서라도 '똘똘한 한 채', 즉 서울 집 한 채를 가지고 있어야 한다며 아우성이다. 서울에 집을 가지고 있지 못한 사람들은 상대적 박탈감에 절망감마저 느낀다. 그러다 보니 나중을 위해 지금 당장 무리를 해서라도 서울 집을 사야 할지 말아야 할지 고민에 고민을 거듭할 수밖에 없다.

## 🏠 서울의 부동산 가격도 오르락내리락한다

똑똑한 한 채 열풍이 단지 어제오늘 이야기는 아니다. 지금으로부터 13년 전인 2005년에도 집값 급등을 막기 위해 다주택자 중과세, 종부세 도입으로 '싼 집 여러 채보다 똑똑한 주택 한 채가 낫다'는 인식이 퍼졌다. 당시에도 중대형의 고가 주택에 대한 수요가 급격히 늘어 오히려 강남의 집값이 더 올랐다.

2008년 언론 기사를 찾아보면 실제로 부동산 전문가들이 강남의 중대형 고가 주택과 같은 똑똑한 집을 장만하는 것이 유망하다고 조언했다는 사실을 알 수 있다. 저렴한 경기도 소형 아파트에 대해서는 감히 투자라는 말을 입에 올리지도 못했다.

하지만 현실은 달랐다. 전문가들 조언과는 전혀 다른 현실이 들이닥쳤다. 아마 나 또한 서울 강남의 똑똑한 한 채 열풍에 뒤늦게 합류했다면 끔찍한 결과를 맞이했을지도 모른다. 가격 상승폭인 컸던 만큼 하락폭도 만만치 않았던 것이다. 다시 말해 사자마자 2억 원이 오를 수

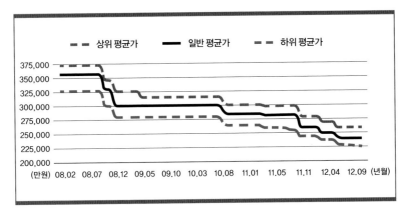

▲ 강남구 대치동 B아파트 전용 189㎡(65평) 매매 시세

도 있지만, 4년 뒤에는 10억 원이 떨어지는 경험을 할 수도 있는 상황이었다.

지금 당장 인기가 많은 물건을 매수하면 그만큼 비싼 가격을 지불해야 한다. 만약 지금 서울의 아파트 시장에 투자를 한다면, 전세를 끼고도 최소 억 단위가 넘는 현금이 필요하다. 과도한 투자금은 그만큼 다른 기회를 포기해야 함을 뜻한다. 또한, 2018년 현재 서울 전역은 양도세 폭탄 지역으로 묶여 있다. 2억 원의 양도 차익이 발생했을 때, 규제 전에는 5,000만 원 정도의 세금을 내야 했다면 규제 후에는 그 두 배인 1억 원에 가까운 세금을 내야 한다. 여기에 정부의 계속되는 규제의 칼날은 덤이다. 이런 눈칫밥 속에서 가격이라도 떨어지면 좋으련만 이미 가격도 급등해버린 상태다.

2018년 현재 서울 부동산에 투자한다는 것은 제대로 된 분석 없이 무작정 뛰어드는 '추격 매수 리스크', 내가 가진 현금의 대부분을 쏟아붓는 '과도한 투자금 리스크', 24시간 서울의 집값을 예의 주시하는 '정부의 손바닥 안 리스크', 양도 차익의 반 이상을 세금으로 내는 '양도세 폭탄 리스크'까지 껴안고 간다는 뜻이다.

소나기가 올 땐 잠시 다른 곳으로 피하는 게 상책이다. 즉, 이럴 때는 괜히 무리하다가 나중에 크게 후회하지 말고 잠시 피하는 게 더 지혜로운 대처법이다.


## ⌂ 내 집 마련에는 최적의 타이밍이 따로 있다

이런 상황에서 서울 부동산 투자를 굳이 권하고 싶지는 않지만, 만약 단순 투자가 아니라 실거주 목적의 내 집 마련 개념으로 생각한다면 또 다르게 접근해야 한다. 수익률만 쫓다가 굳이 출퇴근이 더 힘들고, 자녀 교육에도 별다른 이점이 없는 곳으로 갈 수 있기 때문이다.

내 집 마련을 계획 중이라면 그나마 좋은 타이밍이 있다. 물론, 자본이 충분하다면 언제라도 빨리 서두르는 게 좋겠지만, 타이밍을 잘 맞추면 몇 달 차이로 수천만 원을 아낄 수도 있다. 내 집 마련의 최적의 시기는 바로 인근에 새 아파트가 대량 공급되는 시기다.

2018년 송파구에 1만 세대의 새 아파트가 들어선다. 한 가구에 3명만 산다고 해도 3만 명이다. 그 말은 곧 그 많은 사람이 다른 곳에 살고 있다가 이 아파트로 동시에 유입된다는 뜻이다. 그렇다면 3만 명의 사람들은 어디에서 오게 될까?

이들은 대부분 내 집 마련으로 부푼 기대를 안고 들어가는 사람들이다. 그중에는 재건축을 위해 잠시 다른 곳에서 전세로 살고 있다가 들어가는 기존 입주민, 새집을 장만하여 들어가는 새로운 입주민, 전세로라도 살려고 들어가는 세입자도 있다. 즉, 인근에 살고 있던 전세 거주자들이 거의 동시에 새 아파트로 이동을 하기 때문에 결국 그들이 살다가 나간 자리를 누군가는 채워야 한다.

이때 집주인 입장에서는 전세 가격을 내려서라도 얼른 다른 세입자로 채워야 하며 대출을 해서라도 나가는 전세금을 내줘야 한다. 대출할 능력도 내 줄 돈도 없는 사람은 급하게 집을 팔아야 한다. 또한, 새 아파트로 가는 사람도 기존의 집을 전세를 주고 나가던지, 팔고 나가던지 해야 한다. 세입자를 구하기도 힘들고, 팔려고 해도 쏟아지는 인근 아파트의 물량으로 팔기도 쉽지 않다. 결국은 수요공급의 법칙에 의해 가격은 내려갈 수밖에 없다. 이런 혼란스러운 타이밍에 '급매'는 꼭 나오게 마련이다. 이때가 바로 서울에서 내 집 마련을 할 수 있는 최적의 타이밍이다.

## 🏠 시야를 넓히면 전국이 보인다

한국의 부동산 시장을 살펴보면 2000년대 중반을 기점으로 수도권과 지방이 각각 다른 길을 걷게 된다. 2000년대 중반 서울 및 수도권의 아파트 가격이 급등하는 가운데, 대도시 부산과 대구 등 타 지역 도시들의 집값은 하락길로 접어들었다. 이때까지만 해도 지방의 부동산 시장은 끝났다는 의견이 대세였다.

하지만 서브프라임 모기지 사태가 터진 2008년경부터 그 여파가 쭉 이어진 2014년까지, 수도권 부동산 시장 역시 내리막길을 걸었다. 그런데 신기한 건, 투자 물건으로서 전혀 매력이 없었던 지방의 집값이 폭등했다는 것이다.

지금 이 시간에도 서울의 집값은 급등하는 반면 부산의 집값은 하락의 길목에 접어들었고, 하락하던 대구의 집값은 갑자기 반등을 하고 있다. 이는 무엇을 뜻하는 걸까? 한 지역의 부동산 시장이 불황에 접어들어도, 타 지역으로 눈을 돌리면 그곳은 활황일 수 있다는 의미다.

2018년 현재 서울과 수도권의 핫한 지역들은 이미 규제로 똘똘 뭉쳐 있다. 부산 지역은 쏟아지는 공급으로 하락의 초입에 들어섰다. 만약 이 지역 투자를 생각했던 사람이라면 '이제 부동산 투자는 끝났다'고 볼 수도 있지만, 2018년 현재 또 다른 지역에서는 투자자들이 몰리고 있다. 우물 안에 있으면 어둡게만 느껴질 수 있지만, 우물을 벗어나면 밝은 곳이 얼마든지 존재한다. 부동산 온라인 카페 한 곳만 가입해서 일주일간 들여다보면 투자자들이 어떤 곳에 관심을 갖고 어떤 곳에 투자를 하고 있는지를 금방 알 수 있다. 정부와 강력하게 부딪힐 수밖에 없는 투기 과열지구로부터 눈을 돌려 전국을 바라보자. 제2의 서울이 기다리고 있을지 모른다. 성공적인 투자를 위해서는 과감히 지나간 버스에 대한 미련을 버리고 다가올 버스를 기다릴 필요가 있다.

# ⌂ 부산, 대구에서는 중대평 아파트가 치고 올라오는 중이다

혼자 술을 마시는 '혼술', 혼자 밥을 먹는 '혼밥'이라는 말이 유행할 혼자 사는 사람이 많다. 독신으로 살아가는 젊은 비율도 늘어서도 있지만, 독거노인의 비율도 그에 못지않게 높다고 한다.

통계청 자료에 의하면 1인 가구의 비율은 2025년이 되면 30퍼센트 이상을 차지하게 될 거라고 한다. 이에 따라 요즘 지어지는 부동산 역시 점점 소형화되는 추세다. 2000년 서울 85㎡ 이하 아파트 분양 비중은 68.4퍼센트였지만 2017년에는 93퍼센트로 대부분의 아파트 분양이 중소형 부동산으로 이루어져 있으며, 같은 시기 중대형 아파트 공급 비중은 31.6퍼센트에서 7퍼센트 급감했다. 그렇다면 꼭 소형 아파트를 사야 이득을 얻을 수 있는 걸까?

"아니, 가구원 수는 줄어든다고 하는데 부산은 무슨 대형 아파트도 폭등을 하냐?"

어느 날 부산에서 살고계시는 아버지는 이런 현상이 도대체 이해가 되지 않는다고 말씀하셨다. 실제로 부산은 해운대뿐 아니라 외곽 지역의 대형 평수의 집값도 급상승했다. 다음 그래프를 보면 60평대 아파트가 최근 5년 동안 4억 원 가까이 상승했음을 알 수 있다.

서울의 가구원 수는 줄어들고, 부산의 가구원 수는 늘어나서 이런 결과가 발생한 걸까? 아니다. 이것은 결국 중대형 평형의 공급 부족이

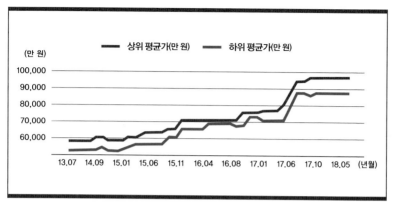

**▲ 부산시 동래구 A 아파트 전용 190㎡(66평) 매매 시세**

누적되어 발생한 현상이다.

그렇다면, 중소형은 강세를 보였지만 중대형은 외면 받고 있는 수도권은 어떻게 될까? 나는 소형 아파트의 영원한 상승도 중대형 아파트의 영원한 하락도 없다고 생각한다. 남들이 모두 소형 아파트에만 집중할 때 지금 당장 외면받고 있는 중대형 아파트에 눈을 돌리는 건 어떨까? 이미 집값이 많이 올라 있고 지금 당장 누구나 선호하는, 그래서 공급이 많은 소형 아파트 또한 수요공급의 법칙 면에서는 위험 요소임에 틀림없다. 남들이 몰리는 시야에서 벗어나 남들과 다른 곳으로 시선을 돌려보는 것도, 좀 더 현명한 투자 전략이 될 수 있다.

# 정부의 선물,
# 줄 때 꼭 챙기자

"수강생 여러분, 2013년 올해가 두 달밖에 남지 않았어요. 이 정도면 정부가 큰 선물 하나 던져주는 겁니다. 다시는 이런 기회가 없을지도 몰라요."

2013년, 한 부동산 강사의 말대로 당시 정부는 부동산 부양책으로 2013년 4월부터 12월 말까지 매입한 주택을 대상으로 5년 동안의 차익에 대해서는 100퍼센트 양도소득세에 비과세 혜택을 준다고 했다. 취득세, 재산세 같은 작은 세금도 아니고, 양도세를 비과세로 해준다는 건 크나큰 혜택이었다. 더구나 이 주택은 주택 수 산정에서 제외시켜준다는 내용까지 있었다. 지금 생각하면 말도 안 되는 혜택이었다. 수천만, 수억 원의 세금을 내지 말고 수익으로 가져가라는 말과도 같은 뜻이니까.

하지만 당시 투자 한번 해보지 못했던 나는 그게 얼마나 큰 혜택인지 잘 알지 못했다. 그리고 그 혜택이 종료되고 딱 두 달 뒤, 처음으로 부동산 매수 계약서에 도장을 찍었다. 두 달 일찍 서둘러 계약서에 도장을 찍을 수도 있었지만 망설이다 결국 그 기간을 놓쳐버린 것이다.

언급한 대로 정부는 부동산 시장에 완화 정책과 규제 정책을 번갈아 가며 내놓기도 했다. 그러면서 보금자리 주택, 반값 아파트, 분양가 상한제 아파트와 같이 무주택자들을 대상으로 한 '로또'들이 등장하기도 했다. 하지만, 이미 주택을 소유하고 있는 유주택자에게 이런 혜택은 '그림의 떡'일 수밖에 없었다.

그렇다면 유주택자가 누릴 수 있는 정부의 선물은 무엇일까? 바로 '준공공임대사업자 등록'이다. 아파트 취득 후 3개월 이내 준공공임대 사업자 등록을 하면(2018년까지 등록 시) 10년 의무 임대를 할 경우 100퍼센트 감면 혜택(2018년까지 등록 시)을 받을 수 있다. 만약, 이미 취득한 지 3개월이 지났다 해도 사업자 등록이 가능하다. 특히나 이번 정부에서는 다른 부분에서는 규제를 가하고, 임대사업자 등록 면에서는 혜택을 집중시켜 임대인들을 끌어오고 있다.

이로써 준공공임대사업자 등록을 하고 8년이 지나면(단, 임대료 상승이 연 5퍼센트 이내일 것) 장기특별공제 70퍼센트 혜택을 누릴 수 있게 되었다. 예를 들어 2억 원의 양도 차익이 발생했을 때, 기존 일반과세 5,000만 원 세금 또는 다주택자 중과 시 1억 원의 세금을 내야 하는 반면, 준공공임대사업자등록 시에는 1,500만 원 세금만 내고 1억 8,500만 원의 수익을 남길 수 있다. 8년이라는 기간에 대한 보상으로는 괜찮지 않은가.

물론 8년이라는 기간이 부담스러울 수도 있지만, 부동산 투자는 어차피 단타 투자가 아니다. 따라서 입지적으로 실수요자들이 선호하는 지역이라면 충분히 관심을 가져볼 필요가 있다.

## 🏠 도시재생사업에 주목하자

1990년을 시작으로 정부는 신도시를 통한 대량 공급을 주거 안정 대책으로 내놓았다. 사람들은 기존 도심에서 편리한 교통망과 우수한 학군을 따라 1기 신도시, 2기 신도시로 이동했다. 기존 도심의 주거 환경은 더욱 슬럼화되고 여기저기서 공실 또한 증가하였다. 만약, 구도심을 재생하지 않고 신도심만 계속해서 개발한다면 어떻게 될까? 계속되는 외곽으로의 주거 이동으로 혹시 일본 부동산의 전철을 밟게 되지는 않을까?

일본은 불황을 타개하기 위한 방안으로 건설업을 이용한 부활을 내세웠고, 그로 인해 도심의 외곽지역에 끊임없이 주택을 공급하였다. 그러다 2002년 당선된 고이즈미 총리는 경기 부양을 위해 도쿄 내부에 고밀도 개발을 추진했다. 거대한 100층짜리 건물을 지으면서 그 안에 사람들의 일거리, 주거, 쇼핑, 엔터테인먼트 요소를 복합적으로 투입하자 사람들이 도심 외곽을 버리고 도쿄 내부로 집결하기 시작했다. 베드타운 기능만 하던 도쿄 외곽의 신도시들은 속절없이 인력의 핵심인 청장년층을 도쿄에 빼앗겼고, 결국 노인들만 외곽에 남았다.

그러자 외곽 신도심에는 공실이 쌓여갔고, 집값은 속절없이 떨어질 수밖에 없었다.

이런 수순을 밟지 않기 위해서라도 우리나라 역시 더 이상 수도권 외곽을 늘리기보다 도심 내부에서의 구도심을 재생하려 할 것이다. 2014년 9월 1일, 정부는 35년이나 유지해온 공공택지 공급 방식을 훨씬 줄이겠다고 발표했고 나아가 택지 공급을 위해 1980년 제정한 택지개발촉진법을 폐지하겠다고 선언했다. 이로써 신도시 개발 사업은 세종시, 위례, 동탄 등 2기 신도시를 끝으로 사실상 종료되었다. 이는 곧 수도권의 외부 확장보다는 내실을 바꾸는 데 집중하다는 뜻이다.

이제 서울 안에서는 대규모 아파트를 공급할 수 있을 만한 땅이 없다. 공급의 문제를 해결하고, 슬럼화를 방지하기 위해서라도 도시재생 사업은 이뤄져야 한다. 즉, 최근 서울시에서 추진 중인 주거 시설, 상업 시설을 개·보수하는 정도의 일부 철거 방식에서 기존에 해왔던 뉴타운 사업, 재개발, 재건축, 리모델링 사업 같은 전면 철거 방식까지 활용하여 낙후된 지역에 새로운 활력을 불어넣을 가능성이 높다.

2018년 많은 사람들이 여전히 신축 아파트에 관심을 집중하면서 분양가 프리미엄이 수억 원까지도 붙어 있다. 반면, 대규모 일자리, 편리한 교통망, 대형 상권이 더 뛰어난 인근 구도심 지역은 상대적으로 소외받고 있다. 현재의 시야에서는 낙후된 곳이지만, 만약 도시재생 사업으로 이 구도심에 새로운 대규모 아파트 단지가 들어선다면 어떨까? 외곽의 신도시보다 월등히 뛰어난 입지로 새롭게 재탄생되어 그때는 더 높은 가격대를 형성하지 않을까?

서울, 수도권 1기 신도시, 인천, 대전, 대구, 부산 등 대도시 지역은 오래된 주택들로 급격히 늙어간다. 실제로 이 지역에서는 사람이 살 수 없는 멸실주택이 한 해 한 해 급격히 증가하고 있다. 주택은 보통 30~40년이 되면 그 수명을 다하는데, 1990년대 전후로 대량 공급했던 주택들이 이제 30년 차를 맞이하고 있다. 120만 명이 거주하고 있는 1기 신도시만 해도 주택 수가 29만 개나 된다. 지금 당장은 집값 상승에 대한 우려로 인해 정부가 도시재생사업을 규제하려는 듯 보인다. 하지만 구도심 내 도시재생사업은 어쩔 수 없는 시대적 흐름이므로 이를 강제로 막는다면 구도심 슬럼화와 더불어 그만큼의 공급 부족과 같은 부작용을 초래할 수밖에 없다.

그렇다고, 지금 당장 도시재생사업에 투자하라는 말은 아니다. 이미 너무 많은 관심이 집중되어 있는 '서울, 강남, 소형, 신축, 재건축'이라는 키워드만 매달리지 말자는 것이다. 투자는 고평가되어 있는 곳을 찾는 게 아니라, 저평가되어 있는 곳을 찾는 행위다. 기회는 남들이 우르르 몰리는 곳이 아니라, 남들이 보지 않는 곳에 숨어 있기 마련이다.

앞서 본 대로 사계절이 계속 반복되듯 부동산 시장 역시 무늬만 다를 뿐, 큰 틀에서는 반복된다는 점을 최우선적으로 염두에 두자. 여기에 더해 새롭게 다가올 부동산 시장의 트렌드를 예측하여 부동산 투자에 접근해야 한다. 그래야 투자 리스크를 줄이고 안정적으로 내 자산을 지켜낼 수 있는 자신만의 인사이트를 갖게 된다.

# 퇴근 후 1시간 부동산 공부로 회사 생활이 즐거워졌다

2014년, 난생 처음으로 3억 원이 넘는 부동산 매매 계약서에 도장을 찍었던 나는 2018년 현재, 예전에는 생각하지도 못했던 자산을 보유한 직장인이 되었다. 몇 년 전까지만 해도 집값 걱정에 한숨을 쉬던 나였기에 지금의 내가 낯설게만 느껴진다. 솔직히 나도 부동산 공부를 시작하기 전에는 마음에 여유가 전혀 없었다. 모든 것이 부정적으로만 느껴졌다. 왜 나는 취직을 위해 고향을 떠나야 하는지, 왜 부모님은 내게 집 한 채도 사주시지 못하는지, 왜 집주인은 이기적으로 전세금을 올리려고 하는지 이해할 수 없었고, 내 삶은 한심하게 느껴졌다. 결혼을 앞두고 당시에는 여자 친구였던 아내에게도 이렇게 말했다.

"요새는 맞벌이 안 하면 서울에서 버틸 수 없어. 아기를 가져도 맞벌이는 필수래. 아파트 대출금에 양육비에, 너도 알잖아. 그게 현실인데, 우리라고 별수 있겠어? 아니면 이민이라도 갈까?"

그만큼 직장인으로 사는 삶은 여유가 없었다. 그러나 지금은 상황이 달라졌다. 회사 월급에 더해 통장에 다달이 월세 보너스가 들어오니까. 물론 큰돈은 아니다. 하지만 이 답답한 현실에 굴복하지 않고 새로운 영역에 도전해서 무언가를 이루었다는 성취감과 함께 느긋함이 생겼다. 그 덕에 이제는 웃으면서 아내에게 이렇게 말한다.

"회사 다니기 힘들면 언제든 그만둬. 재미있어서 하는 게 아니면 억지로 다니지 않아도 돼. 이제 그만한 여유는 있잖아?"

부동산 투자로 인한 변화는 가정에만 나타난 게 아니었다. 회사에서도 마음에 여유가 생겼다. 사실 회사는 그때나 지금이나 변함이 없다. 선배의 잔소리나 빠듯한 업무 일정 또한 그대로다. 하지만 지금은 매달 나오는 월급이 큰 자산의 밑거름이 된다는 사실을 너무나 잘 알아 회사에 다니는 것만으로도 감사함을 느끼게 되었다. 게다가 경제적인 여유가 생기고 나니 진급에 대한 욕심이 사라졌고, 동료들이 형, 동생처럼 친근하게만 느껴진다. 당연히 전보다 그들과의 관계도 훨씬 돈독해졌다.

또 다른 큰 변화 중 하나는 내 의지와 상관없는 술자리를 단호히 거부하게 된 것이다. 예전에는 "오늘 죽도록 달려보자!"고 하는 상사의 말에 거절 한번 제대로 하지 못했다. 하지만 이제는 몸을 혹사시키며 술자리에서 버티는 일도 없을뿐더러 일요일 아침부터 시작되던 월요병도 온데간데없이 사라졌다. 회사가 늘 우선인 삶에서 내가 우선인 삶으로 바뀌고 나니, 가정과 회사에서 잔잔하고 소소한 설렘이 맴돌기 시작했다.

## ● 부동산 공부는 나의 세계를
### 한층 더 확장시켜주었다

내게 있어 부동산 공부는 단순히 지식을 축적하기 위한 것이 아니었다. 그 긴 여정에는 생각지도 못한 배움이 숨어 있었다.

부동산 투자라는 것은 억대의 돈이 오고가는 일이다. 그러다 보니 투자를 진행하는 과정 내내 집중도가 높을 수밖에 없었다. 우선 따끈따끈한 최신 정보를 얻기 위해 인맥을 쌓아야 했다. 당시에는 회사 이외의 인간관계라고 하면 대부분 어렸을 적부터 알고 지낸 또래 친구들뿐이었다. 매일 만나는 사람들이 다들 평범한 직장인이다 보니 만나서 하는 이야기도 거의 한정되어 있었다. 하지만 부동산 공부를 시작하면서 20대 전업 투자자, 회사 대표, 학교 선생님, 공무원, 60대 은퇴자까지 정말 다양한 분야의 사람들을 만날 수 있었다. 이러한 새로운 인연을 통해 각자의 고민과 걱정, 그동안의 투자 경험, 노하우, 시행착오뿐 아니라 다양한 인생 선후배들의 값진 인생담을 들을 수 있었다.

이외에도 부동산 거래를 위해서는 꼭 만나야 하는 사람들이 있다. 공인중개소 소장님, 법무사, 대출 상담사, 세입자, 인테리어 업체 사장님 등 이분들과 소통을 하며 많게는 몇천만 원 이상이 오고가는 거래를 해야 하다 보니, 커뮤니케이션 역량뿐 아니라 상대방의 심리를 어느 정도 꿰뚫어보는 능력과 협상력도 필요했다. 결국 부동산 투자를 공부하며 심리학 책까지 펼쳐보게 되었다. 이렇게 나의 세계가 점차 확장되는 경험을 통해 내가 그동안 얼마나 우물 안에 갇힌 개구리처럼 살아왔는지 성찰할 수 있었고, 점차 세상을 보는 관점 또한 달라지기 시작했다.

## ● 부동산 공부는
## 자아 실현에도 도움을 주었다

**10년 뒤 나의 '드림 부동산'**

지하 1층: 젊은 연극인들의 공간

1층: 청년 스타트업 공간

2층: 나의 사업 공간

3층: 북카페

4층: 스터디룸

**10년 뒤 나의 모습**

'3,000권의 책을 보유하고 있는 서재의 주인이자 열정적인 직장인 사업가'

부동산 투자를 시작하고 나서 어느 날 이런 계획을 노트북에 기록했더니 처음엔 아내가 나를 이상하게 여겼으나, 지금은 이렇게 말한다.

"왜 4층밖에 안돼? 5층으로 올려. 5층은 내가 사업장으로 쓸 거야."

물론 지금 이런 건물을 세우기에는 현실적으로 부족한 것이 많다.

하지만 10년 뒤 우리의 모습은 많이 달라져 있을 것이다. 지금까지 살아온 인생은 도화지에 이미 그려져 있지만 앞으로 살아갈 인생은 아직 백지 상태 아닌가. 그 텅 빈 도화지를 채울 수 있는 사람은 오직 나뿐이다. 그곳에 어떤 그림을 그리던, 그게 나의 미래가 될 것이다.

"억대 돈이 들어가는 게 두렵지는 않았어?"

어느 날 친한 친구가 내게 물었다. 소심쟁이에 쫄보라고 소문난 내가 어찌 두렵고 불안하지 않았겠는가. 하지만 나는 10년 뒤 나의 아내, 나의 아이에게 닥칠 불안한 미래를 떠올리면 가만히 있는 게 더 두렵게만 느껴졌다. 내가 이렇게까지 해야 하나 싶어 그만두려 했다가도 결국 사랑하는 가족을 떠올리며 더 나아갈 수 있었다.

10년, 20년 동안 회사만이 나의 유일한 수입처가 되면 회사에 의존적인 사람이 될 수밖에 없다. 나는 그런 삶은 살고 싶지 않았다. 따라서 회사 밖에서도 내가 잘할 수 있는 무언가를 미리 준비해야 했다. 그런 의미에서 자본주의 사회에서 직장인들에게 재테크는 선택이 아닌 필수라고 할 수 있다. 물론 새로운 것에 대한 도전은 단기적으로는 위험을 초래할지도 모른다. 하지만 아무것도 하지 않는 건 장기적으로 더 큰 위험을 가져올 수도 있음을 기억해야 한다.

나는 흔들릴 때마다 이 말을 되뇌었다.

'두려움으로부터 달아나면 두려움에 쫓겨 다니고, 두려움에 맞서면 용기가 생긴다.'

물론 그 과정에서 좌절하는 일도, 시련도 겪겠지만 그 또한 소중한 자신의 경험이 되어줄 것이다. 성장이란, 누구보다 빨리 먼저 가는 것이 아니다. 어제보다 한 걸음만 더 내디뎌도 오늘의 나는 전날보다 성장한 것이다. 따라서 느리게 가더라도 큰 위험에 빠지지 않고, 그 여정을 꾸준히 가는 게 중요하다. 그 길이 얼마나 외롭고 힘겨운지 잘 알기에 당신의 그 긴 여정에 기꺼이 손을 내밀고 싶다.

지금 이 책을 보고 있는 당신은 이미 경제적 자유와 행복한 미래를 향한 뜻깊은 한 걸음을 내디딘 것이다. 어려운 이 시대를 살아가고 있는 당신의 삶에 오늘보다 한 걸음 나은 내일이 있길 응원한다.

여전히 꿈꾸며 살아가는
82년생 평범한 직장인, 카스파파

내가 만약 건물을 세운다면
어떤 식으로 공간을 채우고 싶은지
적어보세요.
개인을 위한 공간이어도 좋고,
임대수익 등 수입을 창출하는
공간이어도 좋아요.

10년 뒤 나의
'드림 부동산'

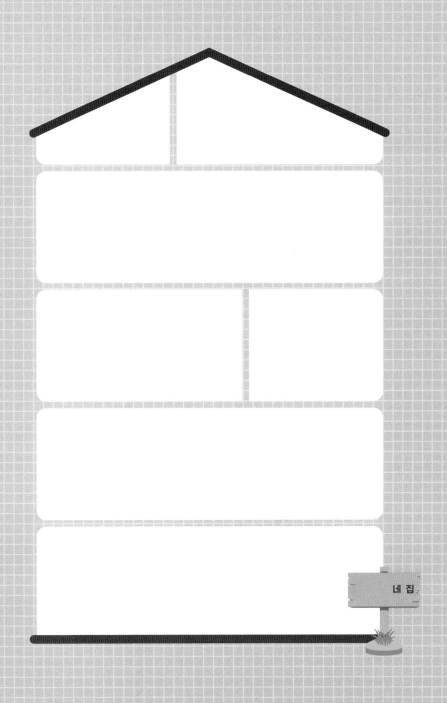

네 집

10년 뒤
나의 모습

퇴근 후 1시간 부동산 공부로 빠르게 부자 되는 법

# 소심한 김 대리는
# 어떻게 부동산으로
# 돈을 벌었을까?

**초판 1쇄 인쇄** 2018년 8월 21일
**초판 1쇄 발행** 2018년 8월 24일

**지은이** 카스파파(김종필)
**펴낸이** 김선식

**경영총괄** 김은영
**책임편집** 이호빈 **디자인** 김누 **크로스교** 양예주 **책임마케터** 최혜령, 김민수
**콘텐츠개발5팀장** 박현미 **콘텐츠개발5팀** 이호빈, 봉선미, 양예주, 김누
**마케팅본부** 이주화, 정명찬, 최혜령, 이고은, 김은지, 김민수, 유미정, 배시영, 기명리
**전략기획팀** 김상윤
**저작권팀** 최하나, 추숙영
**경영관리팀** 허대우, 권송이, 임해랑, 김재경, 한유현, 손영은
**외주스태프** 편집 변민아

**펴낸곳** 다산북스 **출판등록** 2005년 12월 23일 제313-2005-00277호
**주소** 경기도 파주시 회동길 357 3층
**전화** 02-704-1724
**팩스** 02-703-2219 **이메일** dasanbooks@dasanbooks.com
**홈페이지** www.dasanbooks.com **블로그** blog.naver.com/dasan_books
**종이** (주)한솔피앤에스 **출력·인쇄** (주)갑우문화사

**ISBN** 979-11-306-1878-4 (03320)

다산북스(DASANBOOKS)는 독자 여러분의 책에 관한 아이디어와 원고 투고를 기쁜 마음으로 기다리고 있습니다.
책 출간을 원하는 아이디어가 있으신 분은 이메일 dasanbooks@dasanbooks.com 또는 다산북스 홈페이지 '투고원
고'란으로 간단한 개요와 취지, 연락처 등을 보내주세요. 머뭇거리지 말고 문을 두드리세요.